TIMM KRUSE

Barfuß auf dem Rhein

1200 KILOMETER MIT DEM SUP
VON DEN ALPEN BIS ZUR NORDSEE

POLYGLOTT

*»Eigentlich ist der Vater Rhein gar kein Vater,
sondern ein Fluss.«*
Kurt Schwitters, dadaistischer Künstler

Burg Katz, idyllisch in einer Rheinschleife oberhalb der Stadt St. Goarshausen gelegen.

Inhalt

Am Anfang 6

Alpenrhein & Bodensee 10
   Die Gewalt des Wassers: **Chur – Rohrspitz** 12
   Liebliche Gefilde, seltsame Begegnungen:
   Rohrspitz – Romanshorn 30
   Zeit zum Nachdenken: **Romanshorn – Kuhhorn/Tägerwilen** 42

Hochrhein 50
   Auf Tuchfühlung mit den Nachbarn:
   Kuhhorn/Tägerwilen – Wagenhausen 52
   Zweifel, Ängste und ein neuer Freund:
   Wagenhausen – Rheinfelden 61
   Zwei auf gleichem Weg: **Rheinfelden – Schwaderloch** 69
   Wieder allein auf dem Wasser: **Schwaderloch – Rheinfelden** ... 76
   Von Schustern und Schleusen: **Rheinfelden – Bad Bellingen** ... 80

Oberrhein 92
   Neue Gefährten: **Bad Bellingen – Burkheim** 94
   Erschöpfung versus Monotonie: **Burkheim – Lahr** 102
   Ziemlich beste Freunde: **Lahr – Straßburg** 108
   Schon wieder Zweifel: **Straßburg – Lauterbourg** 113
   Grenzen ziehen: **Lauterbourg – Speyer** 114
   Wellentäler und Reinfall: **Speyer – Gernsheim** 123
   Alte Erinnerungen werden wach: **Gernsheim – Mainz** 130
   Industrie und Staustufen: **Mainz – Trechtingshausen** 137

Mittelrhein **144**

Nostalgie und Traurigkeit: Trechtingshausen – Spay 146
Abschied und Herzensbegegnungen: Spay – Königswinter 158

Niederrhein **166**

Lernen vom Profi: Königswinter – Leverkusen 168
Geruch nach Chemie: Leverkusen – Krefeld 178
Der Fluss, eine Autobahn: Krefeld – Rees 181

Deltarhein **186**

Ich mag Holland: Rees – Nijmegen 188
Vom Bezwingen und Loslassen: Nijmegen – Hoek van Holland 191

Zum Schluss **202**

Dank 205
Register 206

AM ANFANG

»Deutschland ist ein schwieriges Vaterland.«
Willy Brandt

Irgendwo habe ich gelesen, dass ein Fluss vor Angst zittert, bevor er ins Meer fließt. Dass er zurückblickt auf seinen langen Weg aus den Bergen, durch Täler und Schluchten, an Städten und Dörfern vorbei, durch Ebenen und Weiten, um sich dann im Ozean aufzulösen und zu verschwinden. Aber das ist Quatsch, denn der Rhein löst sich nicht auf – vielmehr wird er zum Ozean und somit Teil dieses ewigen Kreislaufs. Und natürlich fließt er weiter; länger als es uns Menschen gibt. Er ist bloß der Beweis, dass uns die Zeit davonläuft.

Vom Zittern des Rheins spüre ich nichts, als ich die letzten Meter vor der Nordsee erreiche. Ich spüre nur mein eigenes Zittern vor Aufregung und Kälte. Vielleicht bin ich auch unterzuckert. Angst habe ich keine mehr. Nach mehr als 1200 Kilometern bin ich dem deutschesten aller Flüsse so nahe gekommen wie irgend möglich. Und nun vermengt er sich mit dem Meer und fließt hinter mir doch weiter, um eine neue Geschichte zu schreiben. Aber meine Geschichte auf seinen Wassern ist jetzt beendet.

Ich trage mein Brett über eine Kaimauer und lege es auf den Nordseestrand in Hoek van Holland, ziehe mein T-Shirt aus und gehe trotz der Kälte ins Wasser. Vielleicht sollte ich diesen Augenblick genießen – aber das Ziel fühlt sich nie so groß an wie die Hoffnung, es zu erreichen.

Es ist kurz vor Sonnenuntergang Ende September, und das Meer ist wärmer als die Luft. Das Salzwasser trägt mich, was mir ein anderes Schwimmerlebnis beschert als in den vergangenen Wochen. Jeden Morgen war ich im Rhein baden. Anfangs hatte er gerade mal zehn Grad, später über zwanzig. Mein Körper hat sich im Laufe dieser gewaltigen Reise daran gewöhnt, täglich in kaltem Wasser zu baden. Ohne Strömung und ohne Ziel gibt es fast keinen Grund, zurück an Land zu gehen, wo es draußen doch so kalt ist.

AM ANFANG

Die Wellen spülen meinen Körper zurück ans Ufer, und die vergangenen Wochen ziehen an meinem geistigen Auge vorüber: Im Alpenrhein bin ich fast ertrunken, auf dem Bodensee nahm mich ein exzentrischer Engländer ein Stück in seinem Bötchen mit und machte schlechte Witze über uns Deutsche, am Rheinfall half ich einem verzweifelten Schweizer, zwischen den Schleusen hinter Basel war ich so erschöpft, dass ich die Tour beenden wollte, an der Loreley habe ich verstanden, was der Rhein mit uns Menschen macht, im Siebengebirge luden mich Wildfremde in ihre Villa ein, im Rheinland wurde mir wieder klar, wie wichtig alte Freunde sind, und in Holland verscheuchte mich die Polizei, weil Stand-up-Paddeln auf dem Rhein verboten ist. Ich habe mit Österreichern, Schweizern, Franzosen, Holländern und natürlich Deutschen gesprochen, um herauszufinden, wie unser Land tickt, wie uns die anderen sehen und vor allem, wie es ist, in Deutschland Urlaub zu machen.

AM ANFANG

Seit Jahren will ich mein Heimatland bereisen, und endlich bekomme ich dank Corona hierfür die Möglichkeit – oder besser: Ich werde zu meinem Glück gezwungen, denn Reisen ins Ausland fühlen sich seit März 2020 nicht gut an.

Vier lange Wochen habe ich an den Ufern dieses gewaltigen Flusses Geschichten gesammelt, die mir unser Land näherbringen sollen – ohne Vorurteile, offen und frei, kritisch und mit einem Lächeln. Anders geht es nicht.

Jetzt bin ich am Ziel, habe mehr Fragen als Antworten gesammelt und kann eines mit Sicherheit sagen: Die anderen können uns Deutsche und unser Land echt mal gernhaben.

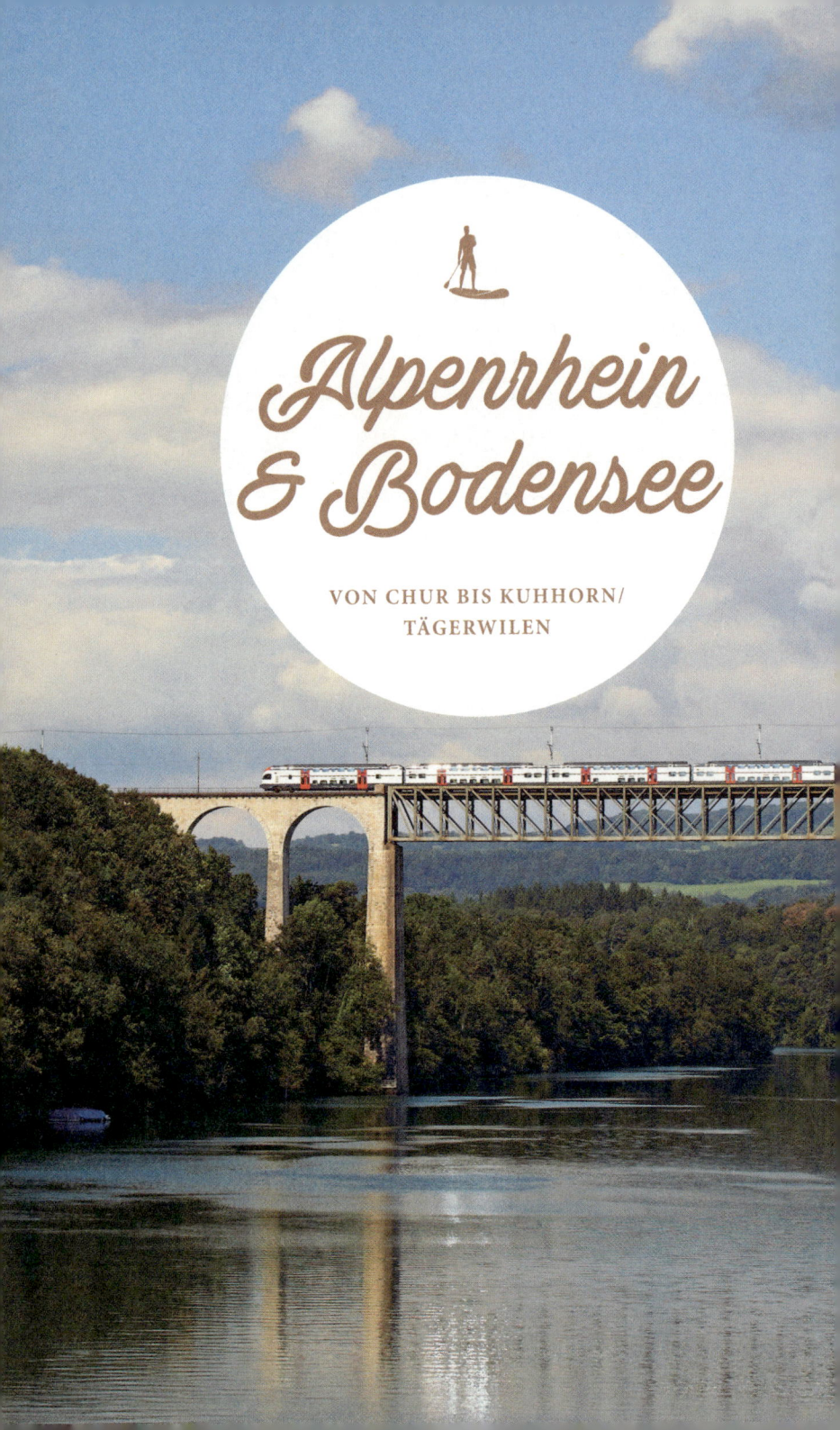

Alpenrhein & Bodensee

VON CHUR BIS KUHHORN/
TÄGERWILEN

Stählerner Koloss: Auf der Strecke von Bülau nach Schaffhausen überspannt die eingleisige Eisenbahnbrücke den Rhein in der Schweizer Stadt Eglisau.

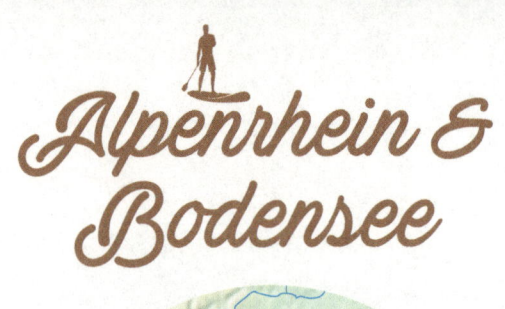

Alpenrhein & Bodensee

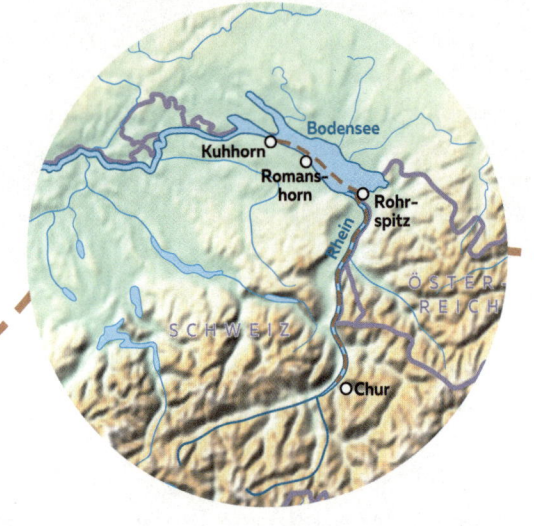

»Als ich noch ein Schüler war, wurde ich gefragt, was ich später mal werden wollte. Ich sagte ›glücklich‹.«
John Lennon

CHUR – ROHRSPITZ

Diese angsteinflößend lange Reise beginnt im schweizerischen Chur. Ich stehe am Ufer des Alpenrheins, und mir ist schlecht vor Aufregung. So einen Fluss bin ich noch nie gepaddelt. Das Wasser schießt mit 15 km/h bergab – unglaubliche Wassermassen, die sich Richtung Tal stürzen. Wie ein flüssiger Teppich, einer Walze gleich, donnert der Rhein nach Norden und transportiert pro Sekunde 100 000 Liter Wasser, rund 500 Badewannen. Ein Swimmingpool rauscht sekündlich an diesen gewaltigen Felsen vorbei und nimmt alles mit, was sich ihm in den Weg stellt. Es ist eine Gewalt, die mir aus der Nähe schreckliche Angst einjagt.

CHUR – ROHRSPITZ

Auf dem Weg hierher im Zug hatte ich den Rhein bereits mehrfach betrachten können, aber aus der Ferne wirkt so ein Strom eher harmlos und freundlich – genau wie die Schweiz. Von Nahem erkenne ich, dass ich mich auf harte Stunden und Tage gefasst machen muss.

Es dauert fast eine Stunde, bis ich mein Brett aufgepumpt und alles ordentlich verstaut und festgezurrt habe. Ich habe das dringende Bedürfnis, nichts falsch zu machen, denn jeder Fehler rächt sich auf so einer Tour – auf einem Gebirgsfluss erst recht. Seit Tagen habe ich ein mulmiges Gefühl im Magen, kann fast nichts essen und hoffe, die ersten Stunden dieses Abenteuers lebend zu überstehen.

Doch diese Ängste vor großen Abenteuern kenne ich bereits: Bevor es losgeht, verabschiede ich mich bewusst von meinen Lieben, meiner Stadt, meiner Wohnung, meinem Wohnmobil, wünsche, sie alle heil wiederzusehen, verlasse alles in bester Ordnung, damit meine Familie nicht allzu viel Arbeit mit meinen Hinterlassenschaften hat. Geht es allen Abenteurern so, oder unterdrücken sie ihre Ängste?

Als ich mich endlich auf mein Brett wage, mich mit dem Paddel von einem Felsen abstoße und erst einmal im Sitzen loslege, nimmt mich die Strömung mit all ihrer Kraft mit. Nach ein paar Minuten kann ich gar nicht glauben, wie schnell und vor allem problemfrei mich der Fluss bei rasender Geschwindigkeit trägt. Ich bin noch nie so schnell gepaddelt.

Als das klamme Unwohlsein langsam aus meinem Körper weicht, erreiche ich die erste Stromschnelle. Plötzlich sind die Wellentäler einen Meter tief und dreschen auf mein Brett und meinen Körper ein, als wollten sie mir sagen: Du gehörst hier nicht her. Das Wasser scheint aus allen Richtungen zu kommen. Aus dem Nichts schmeißt mich der Fluss ins Wasser. Ich treibe neben meinem Brett, versuche, es Richtung Ufer zu bugsieren, komme aber überhaupt nicht gegen die Strömung an. Meine Beine schlagen unter Wasser immer wieder gegen Steine – aber das merke ich erst später. Im Moment bin ich voller Adrenalin. Es geht nur noch darum zu überleben.

> **AUS DEM NICHTS SCHMEISST MICH DER FLUSS INS WASSER.**

ALPENRHEIN & BODENSEE

Der Alpenrhein fließt über 90 Kilometer vom schweizerischen Reichenau in den Bodensee.

CHUR – ROHRSPITZ

Plötzlich stelle ich fest, dass ich mein Paddel verloren habe. Es treibt hinter mir, doch ich habe keine Chance, es zu erreichen, ohne mein Brett loszulassen. Jetzt knallt mein Knie mit voller Wucht gegen einen Felsen, und ich befürchte, das Bein nicht mehr bewegen zu können.

Endlich fasse ich Fuß und schaffe es irgendwie, das Brett gegen die Uferbefestigung zu drücken und stehen zu bleiben. Mein Paddel steckt wie durch ein Wunder ein paar Meter über mir zwischen zwei Felsen fest. Erst jetzt spüre ich die Eiseskälte des Wassers. Es hat höchstens zehn Grad.

Die Felsen, zwischen denen mein Paddel feststeckt, bieten ein bisschen Schutz, sodass ich endlich auf mein Board klettern und mich ausruhen und aufwärmen kann. Meine Schienbeine bluten und werden morgen grün und blau sein. Mein linkes Knie hat einen Pferdekuss auf den Innenmuskel abbekommen und schwillt bereits an.

Was war das?, frage ich mich. Wie konnte das passieren? War ich unaufmerksam? Habe ich die Strudel falsch anvisiert? Vielleicht war ich abgelenkt, da ich die GoPro-Kamera im Mund hatte, um meine erste Stromschnelle zu filmen. Langsam beruhige ich mich, klettere über die Felsen zu meinem Paddel, drehe mühsam das Brett in die Strömung, sodass ich gleich in der richtigen Richtung sitze, und lege wieder los.

Im Nachhinein kann ich nur sagen, dass ich vermutlich unter Schock stand und nicht mehr klar denken konnte. Schon nach diesem ersten Kentern hätte mir klar sein müssen, dass dieser Fluss für mich, meine bescheidenen Wildwasser-Erfahrungen und noch dazu mit dem vielen Gepäck nicht zu beherrschen ist. In diesem Moment habe ich mich in Lebensgefahr begeben.

SCHON NACH DEM ERSTEN KENTERN HÄTTE MIR KLAR SEIN MÜSSEN, DASS DIESER FLUSS FÜR MICH NICHT ZU BEHERRSCHEN IST.

Die nächste Stromschnelle ist noch heftiger, aber ich beuge den Oberkörper ganz nach vorne und verlagere somit meinen Schwerpunkt nach unten. Ich feuere mich selbst an, schreie immer wieder »Du schaffst das, du schaffst das«. Und tatsächlich komme ich irgendwie durch die Wildwasserstrudel hindurch und gewinne wieder Vertrauen, diesen Gebirgsfluss vielleicht doch bis zum Bodensee zu bezwingen.

DAS SCHÖNSTE AM REISEN IST, DASS MAN NICHT WEISS, WAS MAN ALLES NICHT WEISS.

Eine Viertelstunde später sehe ich schon von Weitem, dass die bisher schlimmste Stromschnelle auf mich wartet. Soll ich sie eher links oder doch lieber rechts anfahren? Ich habe keine Zeit, lange nachzudenken, und werde einfach mitgerissen. Die Wellen sind noch höher und heftiger als zuvor. Die Strudel kommen aus allen Richtungen, und Seitenströmungen lassen mein Brett schlingern. Ich habe überhaupt keine Kontrolle mehr und stürze wie von einem Unterwasserkatapult getroffen ins Wasser, und mein Brett kippt um. Ich befinde mich dieses Mal weiter in der Flussmitte, sodass ich gar keine Anstalten mache, an Land zu kommen. Irgendwie schaffe ich es, das Brett wieder umzudrehen, halte sogar mein Paddel fest, werde von den Strömungen und Strudeln völlig durchgewirbelt und falle auf der anderen Seite erneut ins Wasser.

Zum Glück kann ich mich an meinem Brett festhalten, sodass ich zumindest ein bisschen über Wasser bleibe. Ich weiß nicht, ob ich diese Passage ohne mein Brett überlebt hätte. In zehn Grad kaltem Wasser kühlt man innerhalb weniger Minuten aus.

Irgendwann – wahrscheinlich nur ein paar Sekunden später – ist die Stromschnelle vorbei, und ich kann zurück auf mein Brett klettern. Ich lebe noch, ist der erste Gedanke, der mir durch den Kopf schießt. Am Horizont sehe ich eine Sandbank, eher eine Geröllbank und beschließe, diese anzulaufen. Zum Glück scheint die Sonne, und es sind sicherlich 25 Grad draußen, sodass ich nicht friere. Mein schwarzes T-Shirt dampft, meine Augen brennen, und mein Knie schmerzt so heftig, dass ich es kaum beugen kann.

Noch bin ich völlig unerfahren in diesem Abenteuer. Wie viele Fehler liegen noch vor mir? Wie häufig werde ich über mich selbst den Kopf schütteln?

CHUR – ROHRSPITZ

War das wirklich so gefährlich? War mein Leben bedroht? Im Nachhinein lässt sich das nicht sagen. Ich weiß nur, dass ich in den Momenten im Wasser auf Überlebensmodus geschaltet und nur noch funktioniert habe. Da waren keine Gedanken, keine Angst. Nur der unbedingte Wille, da lebend rauszukommen. Aber vielleicht kann man auch zwanzigmal so kentern, und es passiert einem nichts, außer dass man nass wird und ein paar blaue Flecken und blutige Schienbeine davonträgt.

Auf meinem Handy sehe ich, dass ich vielleicht 15 Kilometer zurückgelegt habe und kurz vor einem Ort namens Trimmis bin. Es ist nicht mal eine Stunde vergangen, und ich habe das Gefühl, Ewigkeiten von meinem alten Ich entfernt zu sein. Sollte ich den Alpenrhein hier verlassen und erst am Bodensee weitermachen? Trimmis hat laut Google Maps einen Busbahnhof. Irgendwie werde ich es schon nach Österreich schaffen, auch wenn ich dann Liechtenstein verpasse.

Hinter mir steigt eine Böschung vom Ufer auf. Ich klettere etwa zehn Meter über einen Trampelpfad nach oben und sehe, dass sich dort eine kleine Straße befindet. Immerhin bin ich nahe der Zivilisation. Langsam zuckele ich mit meinem Ziehwagen in Richtung einer Brücke. Es ist schön, nicht gehetzt zu sein, keine Termine zu haben. Einfach zu schauen,

David gegen Goliath: Als Stand-up-Paddler
wird man von Ausflugsdampfern schon mal ignoriert.

wie ich es nach Bregenz schaffen könnte. Und wenn ich es heute nicht schaffe, schlage ich mein Zelt auf, verbringe die Nacht in der Natur und warte, bis sich morgen eine Lösung findet. Ich hätte genügend Wasser und Nahrung dabei, um tagelang zu überleben.

So schnell habe ich noch nie vom hektischen Alltagsmodus zu Hause in den Reisemodus geschaltet. Ich habe wochenlang Zeit, diesen Fluss von den Alpen bis in die Nordsee zu bereisen. Und zwar auf meine persönliche Art und Weise: auf dem Stand-up-Paddleboard. Seit 2010 betreibe ich diese Sportart, und sie hat mir die herrlichsten Abenteuerreisen beschert. Ich bin die gesamte Donau gepaddelt, die Elbe, die Nordküste Spaniens parallel zum Jakobsweg, war auf allen Kontinenten – und jetzt ist der Rhein dran. Endlich. Denn dieser Fluss ist die Königsdisziplin aller großen Ströme in Europa. Mit ihm kommt nichts mit – er heißt nicht umsonst *Vater Rhein*.

Als ich auf der Brücke stehe, um in den Ort Trimmis zu gelangen, sehe ich von oben eine Furcht einflößende Stromschnelle. Spätestens hier wäre ich in Lebensgefahr geraten. Gut, dass meine Instinkte noch funktionieren und ich kurz vorher abgebrochen habe. Wenn der Rhein unser Vater ist, hätte er hier einen seiner Söhne verlieren können.

Ein paar hundert Meter weiter stehe ich am Busbahnhof, frage zwei junge Männer, ob es hier auch einen Schalter mit echten Menschen gibt oder nur diesen Automaten. »Schalter? Pff«, sagt der eine. »Willkommen im Dorfleben.« Irgendwann kommt ein Bus. Aber der Fahrer hat auch keine Ahnung, wie ich an den Bodensee komme. Ich solle erstmal den Bus nach Landquart nehmen, dann den Zug nach Sargans und dann weitersehen.

Nichts erschüttert mich, alles ist mir recht. Ich lasse die Luft aus meinem Brett, packe alles ordentlich zusammen und nehme den nächsten Bus. Am liebsten würde ich stundenlang Busfahren ohne je wieder aufzustehen, so erschöpft bin ich. Wegen meiner 40 Kilo Gepäck graut mir vor jedem Umsteigen.

In Landquart muss ich fast eine Stunde auf den nächsten Zug warten. Ich lasse mein Gepäck in einer Bahnhofskneipe stehen und schaue mir den Ort an. Ist es herablassend, wenn ich sage, dass die Schweizer ein nettes Völkchen sind? Darf ich das als Deutscher sagen oder ist das von oben herab, weil wir 83 Millionen sind und die Eidgenossen gerade mal acht Millionen? Aber ich mag dieses Volk und sein Spielzeugland.

WIE IN EINER MODELLWELT TINGELN BAHNEN ÜBER BRÜCKEN UND DURCH TUNNEL, UND GONDELN PENDELN DURCH TÄLER.

Hier sprechen die Menschen, wie in der gesamten Schweiz, ein Deutsch, das ich nicht verstehe. Ihre Sprache wird auch nur als *Deutsch* bezeichnet, weil sie deutsch schreiben – das Gesprochene hat mit der Schrift allerdings wenig zu tun. Ich frage mich immer, wie man Kindern eine Schriftsprache beibringt, die nur mit viel Wohlwollen etwas mit der gesprochenen Sprache zu tun hat. Aber es funktioniert – mit Frisch, Dürrenmatt, Suter, Hesse – wobei wir Letzteren gerne für uns reklamieren – und noch Dutzenden mehr hat die Schweiz überdurchschnittlich viele weltweit gelesene Autorinnen und Autoren. Die Schrift-Sprach-Diskrepanz scheint zumindest in der Literatur keineswegs von Nachteil zu sein – vielleicht sogar im Gegenteil?

An einer Supermarktkasse funktioniert meine Karte nicht. Die Kassiererin sagt etwas, das nur die wenigsten Menschen verstehen können, und lacht mich dabei freundlich an. Ich würde so gerne aus Höflichkeit auf Englisch antworten – aber das wäre irgendwie blöd, weil sie ja meine Sprache schreiben kann. Dann muss sie sie auch verstehen.

»Ich bin Deutscher«, sage ich langsam und laut, als wäre die Dame alt und taub. »Vielleicht muss ich meine Karte in den Schlitz stecken?« »Nur zu«, sagt sie und lacht erneut freundlich. »Tut mir leid, dass das so lange dauert«, sage ich zu dem Mann hinter mir. »Kein Problem. Ich lausche der Musik.« Aus den Boxen ertönt *I want to rock you, rock you baby*, er wippt dazu im Takt und schunkelt sogar ein bisschen mit den Hüften. Nettes Völkchen. Sag ich doch!

Endlich kommt der Zug nach Sargans, wo ich umsteigen muss, und dann weiter nach St. Margrethen und schließlich nach Bregenz fahre. Wie in Trance rauschen die Berge an mir vorbei, immer wieder überquere ich den Rhein, wundere mich, dass ich die Gefahr vorher nicht gesehen habe, und frage mich, ob ich vielleicht einen Schock davongetragen habe. Mein Körper fühlt sich völlig kraftlos an. Ich habe Angst vor dem nächsten Umstieg, wenn ich wieder meine 40 Kilo Gepäck über Treppen und Steige schleppen muss.

Erst gestern saß ich elf Stunden im Zug von Kiel nach Chur. Neben mir eine Italienerin, deren Augen hinter ihrer Maske lächelten, als ich meine Stulle herausholte. Aber vielleicht bildete ich mir das nur ein, denn hinter Masken ist Mimik schwer zu lesen. Vielleicht fand sie mein Vollkornbrot typisch deutsch. Dabei ist eine schöne dicke Stulle doch wohl der beste Reiseproviant der Welt, oder? Für die meisten Deutschen gehört wahrscheinlich Wurst aufs Brot, aber darauf verzichte ich seit vielen Jahren. Wenn es ein deutsches Nationalgericht gibt, dann ist es Brot. Warme Gerichte sind regional: Labskaus, Dibbelabbes, Pickert oder Plinsen gibt es meist nur in einem Bundesland, nicht aber deutschlandweit – und woanders hat man noch nie von ihnen gehört. Und dass wir alle Sauerkraut essen würden, ist totaler Käse.

> **WENN ES EIN DEUTSCHES NATIONALGERICHT GIBT, DANN IST ES BROT.**

Meine Sitznachbarin packt eine Laugenstange aus – wie unitalienisch, denke ich. Aber was soll sie auch machen, wenn es fast nur Bäckerei-Fast-Food in deutschen Bahnhöfen zu kaufen gibt. Die Arme. Vor Jahren habe ich am Flughafen von Bologna ein Stück Pizza gekauft, und es war besser als jede Pizza in Deutschland. Aber vielleicht mag sie unser Laugenzeug, auch wenn es noch so ungesund ist.

Wir kommen ins Gespräch: Sie studiert seit zwei Jahren in Freiburg und möchte dort gar nicht mehr weg. Im Moment sei sie glücklich in

CHUR – ROHRSPITZ

Am Bodensee: In dieser Region ist alles lieblich, friedlich …

unserem Land mit all seinen Facetten und dieser einen Konstante: Wir seien herrlich deutsch im besten Sinne. Nachdem sie mir versichert hat, dass sie natürlich auf keinen Fall generalisieren wolle und die Deutschen in Freiburg und Hamburg sicherlich weniger gemein hätten als Spanier und Italiener, kommt sie auf den Punkt: Wir Deutsche seien *quadratico*. »Rechteckig?«, frage ich, und sie meint, dass man das Wort nicht wörtlich übersetzen könne. Vielleicht wäre »eckig« passender.

Sie möge uns Deutsche, versichert sie, denn wir seien effektiv, ernsthaft und zuverlässig. Auf der anderen Seite stresse es sie, dass wir so pünktlich seien. Wenn sie in Italien um acht verabredet wäre, würde sie um fünf nach acht langsam anfangen, sich schick zu machen, um dann gegen halb neun das Haus zu verlassen und ihre Verabredung gleichzeitig und somit italienisch pünktlich um Viertel vor neun zu treffen.

Außerdem würden wir Deutsche uns nie einfach so treffen, um zu *socializen*, wie sie es nennt. Wir müssten immer etwas unternehmen, mindestens einen Spaziergang oder eine Radtour, häufig einen Museumsbesuch, einen Ausflug zu einem weiteren Freund oder Unmengen an Alkohol konsumieren, wobei für viele Deutsche Bier nicht als Alkohol gelte.

EINFACH NUR TREFFEN, UM SICH ZU TREFFEN, IST DEN DEUTSCHEN FREMD.

Es sei auch schwer, sich mit Deutschen spontan zu verabreden. Meist bräuchte man zwei Wochen Vorlauf und bekäme dann nur einen Terminslot von 12.15 bis 14 Uhr. Aber noch mal: Sie mag uns!

Sind wir wirklich so? Und wenn ja: Ist das schlimm? Ich finde es gut, dass wir ein pünktliches Volk sind, dass bei uns vieles nach Plan läuft und unser größtes Problem darin zu bestehen scheint, dass 6,5 Prozent aller Züge in unserem Land Verspätung haben. Dann steigt sie aus, natürlich pünktlich, und geht den Bahnsteig auf eine lässige Art herunter, wie es nur Südeuropäerinnen können. In ihrem Gang drückt sich eine selbstbewusste Eleganz aus, die ich bei deutschen Frauen manchmal vermisse.

Das Umsteigen ist jedes Mal eine Tortur, aber es geht irgendwie immer weiter, bis ich schließlich am Bodensee stehe, mein Gepäck vor eine Bank lege und nicht glauben kann, dass es hier so schön ist. Kann dies das gleiche Wasser sein wie noch vor ein paar Stunden weiter oben in den Alpen? Der See liegt blau-gläsern da, kein Windhauch in der Luft, die Temperatur beträgt vielleicht 25 Grad. Ich liebe dieses Klima, das man nicht spürt. Es umschmeichelt den Körper und zwingt ihn automatisch in die Entspannung. Rechts von mir funkeln die Alpen in einer kitschigen Pracht in der Abendsonne, als hätte der Wettergott bei mir etwas gutzumachen.

CHUR – ROHRSPITZ

Langsam finde ich wieder Kraft, pumpe mein Brett noch langsamer auf als in Chur und traue mich einfach nicht auf den See. Beim Pumpen sprechen mich Menschen an – *gleich platzt es, schönes Workout*, und solche Sachen. Ich lache freundlich, frage, ob sie nicht auch mal probieren möchten, und stehe doch neben mir. Irgendwann passt wirklich keine Luft mehr ins Brett.

Über eine Absperrkette steige ich eine veralgte Treppe hinab, lege das Brett aufs Wasser und binde es mit der *Leash* an einem Geländer fest. Die Leine wird am Fußgelenk festgebunden, damit der Paddler im Falle eines Sturzes sein Brett nicht verliert. Ich benutze die *Leash* allerdings nur als Festmachleine, denn bei wenig Wind falle ich nicht ins Wasser und wenn doch, verliere ich dabei niemals mein Brett.

Wieder werde ich neugierig beobachtet. Eine Frau spricht mich an, ich antworte mechanisch, was vermutlich niemand bemerkt, schleppe die Tasche hinunter, wuchte sie aufs Brett, verzurre alles und steige schließlich auf mein Board.

Es ist unglaublich kippelig, sodass ich fast schon wieder reinfalle. Erst jetzt wird mir klar, dass die 30 Kilogramm Gepäck ohne Board einen großen Teil zu meinen fürchterlichen Erlebnissen am Vormittag beigetragen haben müssen. Das Brett muss mit mir 120 Kilogramm tragen, liegt natürlich viel tiefer im Wasser und hat dadurch automatisch weniger Kippwiderstand.

Ich paddle ganz langsam los, muss erst wieder Vertrauen in meinen Lieblingssport gewinnen. Der Körper trägt die Erinnerung ans Paddeln in sich, aber mein Geist ist noch nicht bereit für eine Tour auf dem Wasser. Immerhin bin ich barfuß, meine Lieblingsgangart. So kann ich das Brett und das Wasser am besten spüren. Ich habe auch das Gefühl, dass die einzelnen Zehen einen positiven Effekt auf das Gleichgewicht und das Ausbalancieren auf dem Brett haben.

ALPENRHEIN & BODENSEE

Mit den ersten Paddelschlägen betrete ich die Welt des Bodensees. Vielleicht ist es auch umgekehrt, und der Bodensee betritt meine Welt, dringt in mein Leben ein. Ich lasse den Lärm des Landes hinter mir, die Gerüche und den festen Boden. Ab jetzt befinde ich mich in einer schwankenden Welt, einer Welt, die ich über alles liebe. Die mir schon oft mehr Zuhause war als das Festland. Auf dem Wasser ist alles gut, denke ich. Die Probleme beginnen an Land.

Gleichzeitig kenne ich vom Segeln das Phänomen des Wegwollens und Heimwollens. Kaum bin ich auf See, will ich an Land, kaum bin ich an Land, will ich auf See. Eine Ambivalenz, die jeder Segler kennt, und ein Konflikt, der nicht aufzulösen ist. Das Gleiche gilt natürlich für diese Reise. Kaum bin ich unterwegs, träume ich von der heimischen Gemütlichkeit. Kaum liege ich gemütlich auf meinem Sofa, will ich weg und stürze mich ins nächste Abenteuer. Gesegnet sind die Couch-Potatoes.

KAUM BIN ICH AUF SEE, WILL ICH AN LAND, KAUM BIN ICH AN LAND, WILL ICH AUF SEE.

Langsam zieht die Open-Air-Bühne von Bregenz an mir vorbei, die gerade abgebaut wird. *Rigoletto* hat ausgedient – es muss ein gewaltiges Spektakel gewesen sein. Jetzt ist Corona hoffentlich bald vorbei, und eine neue Show wartet auf den Bodensee und seine Bewohner und vielen Besucher.

Als ich um das riesige Operngelände biege, sehe ich den Rhein vor mir, wie er über einen langen Kanal in den Bodensee geleitet wird. Auf Google Maps habe ich gesehen, dass ich um diesen Kanal herumpaddeln muss und dann noch etwa drei Kilometer vor mir habe, bis ich einen Campingplatz erreiche. Nach den heutigen Strapazen bin ich noch nicht bereit, in der freien Natur zu schlafen. Noch brauche ich einen Hauch Zivilisation – trotz aller Abneigung gegen Campingplätze.

Am Ende des Kanals fließt der Rhein mit seiner heftigen Strömung in den Bodensee, sorgt für graue Verfärbungen und sprudelnde Wirbel. Davor liegen mehrere Fischerboote mit Männern, die einen Fisch nach dem anderen aus dem Wasser ziehen. Einen von ihnen frage ich, wie gefährlich es sei, dort mit dem SUP durchzufahren, und nicke mit dem Kinn in Richtung Rhein. Der Mann rät mir dringend davon ab, selbst mit dem Motorboot würde er die Stelle unbedingt meiden. Eine Sekunde überlege ich, außen herumzufahren, also etwa 500 Meter Umweg, bis die Strömung vom See geschluckt wird, doch dann denke ich *Scheiß drauf* und paddle mitten durch das wirbelnde Wasser, als müsste ich mir beweisen, dass ich Gefahren bestehen kann, dass ich kein Drückeberger und Schisshase bin, nicht vor Dingen zurückschrecke, die anderen zu waghalsig erscheinen.

ICH PADDLE MITTEN DURCH DAS WIRBELNDE WASSER, ALS MÜSSTE ICH MIR BEWEISEN, DASS ICH GEFAHREN BESTEHEN KANN.

Im Nachhinein erschrecke ich manchmal vor mir selbst. Diese schwierigen Charakterzüge haben mich dahin gebracht, wo ich jetzt stehe. Ob ich will oder nicht.

Sobald ich das blaue Wasser des Bodensees verlasse und in das grüngraue Alpenrheinwasser paddle, wird mein Brett von der Strömung erfasst und treibt nach rechts ab. Ich bekomme starke Schieflage, halte mich aber aufrecht, kämpfe mit aller Kraft gegen die Strömung an, spüre das eiskalte Wasser des Alpenrheins an meinen Füßen, werde nach links und rechts gewirbelt – und bereue meine Entscheidung kein einziges Mal, denn ich weiß, dass ich es schaffen werde. Das hier ist nichts im Vergleich zu den Stromschnellen hinter Chur. Keine zehn Minuten später schwappt wieder blaues, 20 Grad warmes Bodenseewasser über mein Brett.

Vielleicht war diese Kraftanstrengung wichtig, um meinem Unterbewusstsein noch einmal zu zeigen, dass solche Passagen gefahrlos und vor allem problemlos zu meistern sind. Im Nachhinein wundere ich mich über mich selbst. Vor ein paar Stunden stand ich noch unter Schock, und jetzt begebe ich mich schon wieder in Gefahr. Aber so bin ich – ich kann nicht anders.

ALPENRHEIN & BODENSEE

Beim Blick zurück sehe ich, wie das graue Wasser des Alpenrheins und das blaue des Bodensees miteinander verschmelzen. Der Rhein bringt so viel Geröll aus den Alpen mit, dass dieses permanent abgebaggert und an Land gebracht werden muss. Angeblich wäre der Bodensee ohne die Baggerarbeiten in ein paar Tausend Jahren vom Geröll verdrängt. Ich kann mir nicht vorstellen, dass die Menschen dann immer noch baggern. Sie werden sich bis dahin vermutlich selbst begraben haben. Wobei es offensichtlich auch zu unserer Spezies gehört, dass wir immer schon glaubten, die Menschheit würde sich bald selbst vernichten und untergehen. Bis jetzt hat sie überlebt und gehört zur erfolgreichsten Spezies unseres Planeten – übertroffen nur von einem cleveren, hinterhältigen Virus.

> ES GIBT NICHTS SCHÖNERES FÜR MICH, ALS VOM WASSER IN EINEN HAFEN EINZULAUFEN.

Nach einer weiteren Stunde erreiche ich endlich den angepeilten Campingplatz, der hinter einem Hafen liegt. Es gibt nichts Schöneres für mich, als vom Wasser in einen Hafen einzulaufen. Plötzlich enden die Wellen, der Wind meist auch, da Häfen häufig in der Landabdeckung liegen, alles ist friedlich, lieblich, die Menschen auf ihren Booten entspannt und die Welt eine Mischung aus Wasser- und Landleben.

Campingplätze habe ich noch nie gemocht, denn dort ist immer alles so geregelt und kleinbürgerlich. Genau abgegrenzte Zeltplätze, Duschmarken, Männer in Blockwartmanier, die penibel darauf achten, dass alle die Ordnung einhalten, Paare, die vor ihren dauergeparkten Wohnwagen sitzen und Fremde wie mich misstrauisch beäugen. Es herrschen die Regeln einer kleinkarierten Welt, in der alles jenseits des Tellerrands als gefährlich gilt. Alles ist begrenzt und genau bemessen, denn dann fühlen sich die Kleingeister am wohlsten und müssen keine bösen Überraschungen erleben.

Natürlich darf ich mein Brett nicht im Wasser liegen lassen – auf meine Frage, warum denn nicht, erhalte ich die geistreiche Antwort, dass das nicht ginge. Ich bohre nicht nach, lasse mein Brett hinter einer großen

CHUR – ROHRSPITZ

Motorjacht, sodass es vom Zeltplatz aus nicht zu sehen ist, und freue mich an meinem kleinen Sieg gegen die Piefigkeit.

Wann fangen wir an, großzügig zu sein, tolerant zu sein? Zu teilen? Wieso haben wir bloß so viel Angst davor, man könnte uns etwas wegnehmen? Es bleibt doch alles auf diesem Planeten, nichts geht verloren. Marktwirtschaftlich leben wir in einem globalen System, mental scheinen wir in der Höhlenmenschen-Mentalität stehengeblieben zu sein – *das ist meine Höhle! Darin horte ich, so viel ich kann, und wenn ich mich stark genug fühle, überfalle ich die Höhle meines Nachbarn, damit ich noch mehr besitze – für schlechte Zeiten.*

Wir vernichten diesen Planeten, weil wir einem System der totalen Profitgier folgen. Profit rechtfertigt alles, und deshalb läuft hier ein Blockwart rum, der mir sagt, dass ich mein Zelt auf Platz 16 aufgebaut hätte, mir aber die 19 zugewiesen worden wäre. Ich möge bitte umbauen.

Viel zu erschöpft, um zu protestieren, baue ich mein Zelt drei Plätze entfernt zwischen vielen anderen auf, fühle mich wie ein Außerirdischer,

Der kleine Hafen von Rohrspitz im Licht der Abendsonne.

kaufe mir eine Flasche Mineralwasser für 5,60 Euro, lege mich in meinen Schlafsack und kann doch nicht schlafen. Die Stunde auf dem Alpenrhein will mir nicht aus dem Kopf gehen. Immer wieder spule ich die Kenterungen durch, male mir aus, meine *Leash* wäre an einem Felsen hängengeblieben, und die Strömung hätte mich unter Wasser gezogen, bis ich ersaufe. Stündlich wache ich auf, friere entsetzlich, obwohl ich gut ausgerüstet bin, schrecke bei jedem Geräusch hoch und habe Angst vor morgen.

Als die WHO am 12. März 2020 – ist das wirklich erst zwei Jahre her? – den Ausbruch von Corona – war das nicht eine Biermarke? – zur weltweiten Pandemie erklärte, machte ich gerade Urlaub auf Sri Lanka. Als ich zum ersten Mal von diesem neuartigen Virus hörte, war ich felsenfest davon überzeugt, dass Corona ein neuer Medienhype sein würde, so wie zuvor die Vogelgrippe, Ebola oder die Schweinepest – für uns Durchschnittsdeutsche eher irrelevante Themen in Bezug auf unseren Alltag. Da ich seit 30 Jahren Journalist bin, weiß ich, dass die Medienwelt nicht nachhaltig arbeitet, sondern von einem Waldbrand zum nächsten hüpft und mit häufig aufgebauschtem Sensationsjournalismus die Auflage oder die Quote nach oben treibt. Corona? Da spricht in zwei Wochen kein Mensch mehr drüber, dachte ich. Wie naiv ich war. Wie realitätsfern.

Zum ersten Mal seit Wochen schaute ich damals in Sri Lanka mal wieder in die *SPIEGEL*-App und konnte nicht glauben, was ich dort las. Allein das Wort *Lockdown* machte mir schreckliche Angst. Und so ging es den meisten Landsleuten wohl auch, denn sie kauften die Regale mit Klopapier und Hefe leer. In Frankreich gab es bald keinen Wein und keine Kondome mehr, in den USA kein Benzin. Was sagt das über die Mentalität der verschiedenen Länder aus?

Mit viel Glück erwischte ich den letzten Flug von Colombo nach Hamburg und war froh, dass ich noch ein bisschen Toilettenpapier im Wohnmobil gebunkert hatte. Erst zu Hause konnte ich glauben, dass die Regale wirklich leer waren.

Als das Unvorstellbare passierte und die Welt tatsächlich zu einem Halt kam, das öffentliche Leben lahmgelegt und Reiseverbote ausgesprochen wurden, holte ich mir einen Netflix-Account und guckte all die Filme, die ich im Laufe meines Lebens wegen meiner vielen Reisen verpasst hatte.

CHUR – ROHRSPITZ

Laut wurde leise, schnell wurde langsam, mobil wurde immobil. Aus 30 Grad im Schatten wurden Schneeregen und Nebel. Aus meinen weltweiten Reisen wurde Homeoffice – ohne Office, denn ich hatte nichts zu tun. Keine Reportagen mehr, keine Vorträge, keine Lesungen. Ich genoss den ersten Lockdown mit seiner staatlich verordneten Faulheit und war damals einfach nur froh, unter vollkommen chaotischen Umständen Sri Lanka entkommen und in unserem kleinen, stillen, geordneten Land zu Hause zu sein.

MEIN LEBEN VERWANDELTE SICH INNERHALB WENIGER TAGE VON EINEM TROPENSTURM ZU EINER BRISE.

In Sri Lanka durften Touristen damals im März 2020 plötzlich keine öffentlichen Verkehrsmittel mehr benutzen oder in Hotels absteigen. Wir Traveller waren angeblich diejenigen, die das Virus ins Land gebracht hatten, und sollten es verdammt nochmal nicht noch weiterverbreiten. Dass ich seit Wochen in Sri Lanka unterwegs war, interessierte niemanden. Ich musste Chauffeure und Schaffner ewig beschwatzen, um überhaupt zurück zum Flughafen zu kommen.

Zu Hause angelangt, gab es noch keine Tests, keine Inzidenzen, keine verlässlichen Zahlen über an oder mit Covid Gestorbene. Ich machte mich damals höchstens lustig über die vielen neuen Ausdrücke, die uns überschwemmten: FFP2, mRNA, PCR, Aerosole, Kernfamilie, Kohorte, Herdenimmunität oder *Who the fuck is Johns Hopkins?* Als Reisewarnungen ausgesprochen wurden, die Triage in Krankenhäusern vollzogen werden musste, Virusvarianten auftauchten und es schließlich zu einer indirekten Impfpflicht und Boosterimpfungen kam, verging mir das Lachen. Da war allerdings schon über ein Jahr verstrichen. Als die Karnevalssaison zum zweiten Mal abgesagt wurde, glaubte ich fest, alles doppelt und dreifach 2022 nachzuholen. Niemand hätte anfangs gedacht, dass uns dieser Irrsinn noch so lange begleiten würde. Erst im Laufe der Monate wurde klar, dass wir die sozialen, ökologischen und ökonomischen Spätfolgen erst in vielen Jahren sehen und verstehen würden.

ALPENRHEIN & BODENSEE

ROHRSPITZ – ROMANSHORN

Gegen sechs Uhr früh schlafe ich nochmal tief ein und wache erst um halb neun wieder auf. Dieser Campingplatz ist mir zuwider: Eltern brüllen ihre Kinder an, und Männer sprechen respektlos mit ihren Frauen und umgekehrt. Hier haben sich die Spießer versammelt – und es ist ganz egal, ob sie Deutsche, Österreicher oder Schweizer sind. Die Atmosphäre ist bei Licht noch piefiger als in der Abenddämmerung. Der Blockwart von gestern macht mich darauf aufmerksam, dass ich von Glück reden könnte, dass mein Brett weder geklaut noch zerstört worden wäre. »So geht's nicht«, sagt er und zeigt mit dem Finger auf mich. »Doch«, sage ich ganz ruhig. »Genau so geht's. Sehen Sie doch.« Dass Platz 16 natürlich immer noch frei ist, werfe ich ihm nicht vor. Er würde es sowieso nicht verstehen.

In der Dusche dudelt irgendein lokaler Radiosender, und der Moderator sagt glatt, dass dies ein hervorragender Tag zum Stand-up-Paddeln sei, weil es praktisch auf dem gesamten See windstill ist. Das ist genau die Information, die ich jetzt brauchte.

Bei Hard in Vorarlberg vereint sich der Neue Rhein mit dem Bodensee.

Wieder lasse ich mir unendlich viel Zeit beim Packen. Mich hetzt auf dieser Reise nichts und niemand. Gegen halb elf lege ich ab, verlasse in aller Ruhe den Hafen und paddle so langsam Richtung Sonne, als hätte ich kein Ziel vor Augen. Sind das noch die Nachwehen von gestern? Oder genieße ich es einfach, mehr Zeit zu haben als geplant? Schließlich habe ich durch die Zugfahrt zwei Tage gewonnen.

Mit die schönsten und wichtigsten Stunden auf meinen Reisen bestehen im Aufschreiben dieser Zeilen. Ich sitze dabei meist vor meinem Zelt und lasse die langen Stunden auf dem Brett und die kurzen an Land Revue passieren. Die Erinnerungen, Einzelheiten, Begegnungen und Farbkleckse ergeben ein bestimmtes Bild, aber das heißt natürlich nicht, dass dieses Bild das einzig gültige wäre. Es handelt sich lediglich um mein Bild – und selbst das kann sich wandeln.

> **MICH HETZT AUF DIESER REISE NICHTS UND NIEMAND.**

Ich schreibe auf, was ich erlebe und empfinde. Jeden Tag frisch. Wie unser Land aussieht, schmeckt und riecht. Ich beobachte Menschen, schaue, was sie von sich geben, wie sie mich behandeln. Ich male hier also ein Bild einer Reise, das bloß einen winzigen Flecken beleuchtet. Ein Bild, das nur kurze Zeit aufblitzt, in meiner Erinnerung hängenbleibt und aufgezeichnet werden will.

Mein größtes Problem beim Schreiben ist es, das Unausdrückbare auszudrücken: warum ich bei einem schönen Sonnenuntergang heulen könnte. Warum ich manchmal so schrecklich glücklich bin und kurz drauf genauso unglücklich. Warum ich so zerrissen bin zwischen Wegwollen und Ankommen.

Vermutlich ist diese Reise die Suche nach einem Land, das ich gerne mögen, oder einem Ort, an dem ich gerne leben würde? Vielleicht habe ich mir auch zu viel vorgenommen und schreibe aus einer Nussschale, ohne das große Ganze erkennen zu können.

Mir ist wichtig, was die Nachbarn über uns sagen – auch wenn mir dies in meinem Leben zu Hause natürlich völlig egal ist. Aber hier möchte ich zu gerne herausfinden, was sie über uns sagen – genauso umgekehrt: Was denken wir über unsere Nachbarn? Schweizer tragen angeblich immer ein Taschenmesser bei sich und sind reich, ordentlich und konfliktscheu. Österreicher hassen es, wenn wir sie als kleinen Bruder betrachten und sie *Ösi* nennen. Außerdem gelten sie als hinterfotzig und können nicht Fußball spielen. Die Franzosen sollen sexbesessen sein, können keine Fremdsprachen und streiken das ganze Jahr über. Und die Holländer? Sind eigentlich Niederländer, werden niemals Fußballweltmeister, besitzen mehr Wohnmobile als alle Nachbarländer zusammen und züchten in ihrer Freizeit Tomaten und Tulpen. Doch auf dieser Reise möchte ich ein neues Bild malen. Über uns und die, die uns umgeben und mit uns klarkommen müssen.

> AUF DIESER REISE MÖCHTE ICH EIN NEUES BILD MALEN.

Der Bodensee ist über viele Kilometer höchstens zwei Meter tief. Unter mir liegt ein Meer an Algen und Seetang. Manchmal steigen Blasen aus dem Boden auf, als lägen Tiere unter dem Sand und würden Luft ablassen. Das Wasser ist mittlerweile grün und erinnert mich an die Wahlplakate der Grünen – so sehen eigentlich nur Menschen aus, die schwer seekrank sind. In ein paar Wochen wählt Deutschland eine neue Regierung, und nichts könnte für mich weiter weg sein. Diese Regierung muss nur eines leisten: wenigen wehtun, damit es vielen besser geht.

Die Sonne brät gnadenlos auf mich herab, aber ich genieße es. Nach diesem verkorksten Hochsommer, der besser als Tiefsommer in die Geschichte eingehen sollte, darf wenigstens der Spätsommer richtig schön werden.

In dieser Region ist alles lieblich, erst recht bei diesem Wetter. Die Welt blüht, und die Orte enden auf ingen. Ich paddle an Güttingen, Münsterlingen und Kreuzlingen vorbei. Pfahlbauten säumen das Ufer, und es sieht aus, als hätte sich die Welt hier seit 500 Jahren nicht bewegt – bis ein Motorboot an mir vorbeidonnert und ich zurück in die Zwanzigerjahre eines immer noch recht neuen Jahrtausends katapultiert werde. Der Motorbootfahrer trägt Maske. Vielleicht hat er vergessen, sie abzunehmen, was mir auch schon passiert ist. Denn das Ding alleine auf See zu tragen ist wirklich übertrieben. Mir schießt der unerträgliche Gedanke durch den Kopf, dass dieses Jahrzehnt als das Corona-Jahrzehnt in die Geschichte eingehen könnte. Vor hundert Jahren waren es die Goldenen Zwanziger, jetzt sind es die Corona-Zwanziger.

Als ich vor vielen Jahren begonnen hatte, mich für spirituelle Entwicklung zu interessieren, wurde mir von allen möglichen Lehrern immer wieder die Frage gestellt: Wer bist du? Es ist *die* Frage für Menschen, die ihre Persönlichkeitsstruktur und damit sich selbst besser kennenlernen möchten, um ein geschmeidigeres Leben zu führen. Nachdem ich dieser Frage über Jahre nachgespürt und eine ganze Menge Antworten gesammelt habe, kam auf einmal die nächste Frage auf: Wer sind *wir*? Und dann natürlich: Welches *Wir* überhaupt? Wir – meine Familie? Wir – meine Freunde und Kollegen? Wir – Deutsche? Ja, wir Deutsche. Das war die Frage. Welcher Teil meiner Persönlichkeit ist so, wie er ist, weil ich Deutscher bin? Weil ich in genau dieser Zivilisation aufgewachsen bin. Über mich kann ich klar sagen, dass ich mich in erster Linie als Ostwestfale und Norddeutscher fühle. An zweiter Stelle bin ich Europäer. Und erst dann kommt Deutschland. Ich behaupte mal, so geht es den meisten Menschen in meiner Generation. Begriffe wie *Vaterland*, *Heimat* oder *Stolz* kann ich fast nicht schmerzfrei aussprechen, geschweige denn aufschreiben. Trotzdem mag ich unser Land – nicht wegen seiner Geschichte, sondern trotz unserer Geschichte. Aber ich mag Deutschland nicht mehr als Frankreich oder Italien, vermutlich sogar weniger.

MIR FEHLT DIE LEICHTIGKEIT IN UNSEREM LAND, DAS SÜDLÄNDISCHE. ZU WENIG BEGEISTERUNGSFÄHIGKEIT UND ZU VIEL BEDENKENTRÄGEREI.

Aber das trifft auf andere Länder auch zu. Hier habe ich es nur zu häufig erlebt.

Es ist so schwierig über *das Deutsche* zu schreiben, ohne pathetisch, altmodisch, verklärt-romantisch oder gar patriotisch zu klingen. Und vor allem ohne Vorurteile. Wie schon, als Deutscher. Nüchtern kann ich nicht darüber schreiben – dafür bin ich viel zu emotional, viel zu undeutsch –, was wiederum eine Schublade ist. Ich kann sagen, dass ich unser Land schätze – von Liebe bin ich Meilen von Zeilen entfernt.

Ich befinde mich in jedem Jahr für viele Monate im Ausland. Dem Pass nach bin ich Deutscher. Aber wen schert das noch in Europa? Wenn ich unterwegs bin, fühle ich mich zu Hause. Und doch beginnt jeder Small Talk der Traveller untereinander mit der Frage: *Where do you come from?* Und dann bin ich eben aus *Germany*. Und nicht aus *Eastwestfalia*, wo die meisten Deutschen ja schon nicht wissen, wo Ostwestfalen liegt – geschweige denn Lippe-Detmold. Früher wurde ich häufig nach Hitler gefragt – das passiert heutzutage nicht mehr. Ich wurde aber auch schon gefragt, ob Deutsche tanzen würden. Ob Deutschland in Bayern liege und warum wir so unlustig seien. Mir sagten Menschen, dass wir Deutsche aktuell keine Band von Belang hätten. Literarisch stünden wir momentan unbedeutend da, ohne die ganz großen Namen, filmisch und schauspielerisch sowieso, in der Kunst Gerhard Richter – immerhin und sonst nichts, architektonisch hätten uns etliche Länder längst abgehängt. Was mit uns los wäre? Wo die Dichter und Denker geblieben wären – wegradiert mit den Richtern und Henkern? Dafür haben wir unsere Karossen, Fußball und Merkel. Immerhin. Und Letztere nicht mehr lange.

Ausländer haben ein seltsames Bild von uns: Wir seien pünktlich, heißt es, strebsam, zuverlässig, arbeitsam und ernst. Und schon bin ich in die Klischees hereingestolpert und weiß doch so gut, dass wir das alles eben auch nicht sind.

In den meisten Sprachen gibt es keinen Begriff für das Wort *Heimat*, was ich schade finde. Wenn ich an *Heimat* denke, kommt mir Detmold in den Sinn, denn dort bin ich geboren. Wobei der Begriff *Heimat* schrecklich überfrachtet ist: von Nazis missbraucht, romantisch verklärt, deutschtümelnd. Das meine ich aber nicht, sondern eher Verwurzelung, Zugehörigkeit zu einer bestimmten Region oder Lebensweise. Meine Heimat also, Detmold, steht für Fachwerkhäuser, Plattdeutsch, Teutoburger Wald mit dem Hermannsdenkmal, Kneipen, die versuchen, urig zu sein, und sicherlich auch als Synonym für deutsche Provinz. Für mich fühlt sich der Begriff *Heimat* immer auch nach Verlust an. Nach einer Mischung aus Sehnsucht und einem Gefühl für etwas, das ich nie besessen habe.

Zu uns Deutschen gehören Perfektionismus, Pünktlichkeit, Ordnung, Autobahnen und -marken, Bierbrauen und -trinken, und tatsächlich der Rhein. Jahrelang habe ich an diesem Fluss gelebt. Und immer strahlte er für mich eine Traurigkeit aus; etwas, das ich nicht greifen konnte. Etwas Größeres als mein Leben. Größer als das Menschsein. Er stand für Konstanz, Langlebigkeit, Zuverlässigkeit, Tiefe, Kraft. Alles Attribute, mit denen ich mich im Leben immer schwergetan habe.

Der Rhein ist weltberühmt, eine der meistbefahrenen Wasserstraßen unseres Landes. An ihm haben die alten Römer kampiert, Burgen wurden an seinen Ufern gebaut, Kriege geführt – jahrtausendelang.

AM RHEIN HABEN DIE ALTEN RÖMER KAMPIERT, BURGEN WURDEN AN SEINEN UFERN GEBAUT, KRIEGE GEFÜHRT – JAHRTAUSENDELANG.

Die Bonner Republik, Adenauer. Er ist Grenzfluss zwischen Schweizern, Liechtensteinern, Österreichern, Franzosen und Deutschen. Wo sonst könnte ich herausfinden, was unser Land ausmacht?

Von hinten tuckert ein Holzboot auf mich zu. Ich drehe mich mehrfach um, der Kapitän scheint Kontakt aufnehmen zu wollen und winkt mir zu. Da mir Motorboote die größten Ängste einjagen, wenn ich auf dem SUP stehe, weiche ich dem Typen lieber aus – aber er fährt bedächtig weiter in meine Richtung. Also höre ich auf zu paddeln und warte, was passiert. »Do you need a lift?«, fragt mich der Mann lachend, und zu seiner Überraschung willige ich ein. Sein Hund bellt mich an und nimmt Witterung auf.

Andrew ist um die 60 und Engländer, trägt ein T-Shirt mit dem Slogan *Rule Britannia*, auf dem Bug seines morschen, vier Meter langen Kahns prangt ein Wimpel mit dem Union Jack, der englischen Flagge, und Hund Buddy rennt vom Bug zum Heck und wieder zurück. So aufgeregt ist er. Andrew fragt mich, wo ich hinmöchte. »Rotterdam«, antworte ich, und Andrew lacht und ruft laut *Hurra!* – natürlich britisch ausgesprochen, was dem Wort eine völlig andere Farbe verleiht. So weit könne er mich nicht mitnehmen. Aber Zeit für ein paar Geschichten hätte ich sicherlich, und er fängt an, mir sein Leben zu erzählen: Andrew sei Schriftsteller, mache Musik, habe die Brexit-Hymne geschrieben, lebe mit seiner Frau in der Schweiz und möchte mit dem alten Holzkahn bis Weil am Rhein fahren, also ans Ende des Bodensees, und sein Hund sei immer dabei. »Sperr mal deinen Hund und deine Frau für zehn Minuten zusammen in den Kofferraum und guck, wer sich freut, wenn du die Klappe öffnest.« Diese Art von Humor glaubt Andrew einem Deutschen gerade noch zumuten zu können.

VIELLEICHT TRAUT ER MIR ALLES GEHOBENERE NICHT ZU – SCHLIESSLICH BIN ICH TEUTONE UND ER BÜRGER DER LUSTIGSTEN INSEL DER WELT.

Andrew kommt wie gerufen, denn nach den langen Stunden auf dem Wasser hatte ich wie auf jeder Reise Angst, nicht genügend Stories zu sammeln. Doch Andrew ist ein eigenes Buch wert – er ist nämlich Ritter. So etwas gibt es in England tatsächlich noch. Er kennt Prinz Charles, Bob Geldof, David Beckham, trauert immer noch um Lady Di, denn er stammt aus einer Adelsfamilie in Lincolnshire, verkehrt mit den höchsten Blaublütern unseres Kontinents und ist das schwarze Schaf der Familie – was ich ihm sofort glaube.

Als ich ihn frage, ob wir zusammen ein Facebook live machen wollen, stimmt er begeistert zu. Er sei allerdings ein bisschen exzentrisch, was sich sofort bestätigt, sobald das Handy läuft, denn Andrew fängt an zu reden und zu reden und zu reden. Ohne Punkt und Komma. Irgendwann ver-

ROHRSPITZ – ROMANSHORN

Schillernder Zeitgenosse: Andrew und Hund Buddy in Romanshorn.

liere ich den Faden und habe keine Ahnung, wie ich den Kerl je gestoppt kriegen soll. Aber ich mache hier keine ZDF-Reportage, sondern Social Media. Da ist alles erlaubt – und alles egal. Irgendwann muss ich den wie in Trance Redenden unterbrechen und die Live-Show beenden.

Wir tuckern den See hoch, Andrew mit seinem fünf PS-Motor, ich an seiner Seite und Buddy wild wedelnd im Bug. Ich halte mich einfach an der Bordwand fest, lasse mich ziehen, fühle mich herrlich frei und stelle irgendwann fest, dass das Boot undicht ist und permanent Wasser zieht. Alle paar Minuten schöpft Andrew literweise Bodensee aus dem Kahn und lacht dabei. Er erzählt, dass hier auf dem See noch vor Christi Geburt die Kelten gegen die Römer gekämpft hätten. Wie zu erwarten, hätten die Römer gesiegt und konnten so ihren Siegeszug Richtung Norden antreten. Ohne diese Schlacht hätte es laut Andrew nie römische Spuren am Rhein gegeben – keine Siedlungen, die zu Städten wurden, keine Kultur, keinen Spaß und vor allem keinen Wein. Der Region wäre ihr höchstes Gut geklaut worden. Wenn Wein das höchste Gut einer Region ist, denke ich, muss es um die Region schlecht bestellt sein. Es hätte allerdings auch keine Thermen, Amphitheater oder Bildung gegeben. Laut Andrew haben wir den Römern alles zu verdanken. Er muss wissen, wovon er spricht, denn die Römer haben es nie bis nach Britannien geschafft.

Nach einer Weile kann ich nicht mehr zuhören, obwohl ich ein guter Zuhörer bin. Doch Andrew redet einfach zu viel. Noch dazu verursacht der Motor beträchtlichen Lärm, sodass das Englische schwer zu verstehen ist und meine Gedanken abschweifen. Hinzu kommt der britische Humor, der für jeden Nichtbriten kaum zugänglich ist. Bei Engländern gilt es als verpönt, über eigene Witze zu lachen. Erst wenn das Gegenüber lacht, darf der Erzählende mit einstimmen. Bei mir hat Andrew wenig zu lachen, da ich noch überhaupt nicht auf seine Art eingestellt bin und noch nicht ahne, dass hinter jedem zweiten Satz ein Joke steckt. »You're quite German«, urteilt er korrekterweise und redet weiter über sich und sein *Motherland*, denn so heißt *Vaterland* auf Englisch.

IN GROSSBRITANNIEN GEHÖRT SCHWARZER HUMOR ZUM BRUTTOSOZIALPRODUKT UND WITZE GEGEN DEUTSCHE ZUM GUTEN STIL.

What's the difference between the Dresden bombing and Germany's best comedian? Only the first one can make you smile.

Wenn sich die Möglichkeit bietet, Menschen anzusprechen, nutzt er sie. Zwei Angler fragt er nach einem Campingplatz in der Nähe, einen Kanufahrer, ob er ihn auch mitnehmen solle, eine Jacht-Crew, ob sie wüssten, wo man heute Abend gut Party machen könne. Er hätte mal wieder richtig Lust auf ein paar nette Girls. Andrew ist eine Mischung aus aufdringlichem Kind und indiskretem Greis. Doch mich kennt hier niemand, ich stelle auf Beobachtermodus und versuche, mir jede Minute zu merken, um sie später niederschreiben zu können.

Nach einer knappen halben Stunde erreichen wir einen wunderschönen Campingplatz direkt am Wasser. Andrew motort gnadenlos in die Schwimmzone, legt an, geht auf das nächstbeste Wohnmobil zu, wo Mut-

ROHRSPITZ – ROMANSHORN

ter und Tochter zusammen Hausarbeiten erledigen, und fragt nach einer Tasse Kaffee. Die Dame ist zum Glück offen und freundlich und setzt uns tatsächlich einen Kaffee auf. Andrew setzt sich zu der Tochter, die zufällig gerade Englisch-Hausaufgaben macht, und hilft ihr dabei, als würde er sie von Geburt an kennen.

Da die Mutter kaum Englisch spricht, stellt sich heraus, dass Andrew sogar ziemlich gut Deutsch spricht. Er erzählt die gleichen Geschichten, die er mir erzählt hat – Rittertum, Lady Di, David Beckham, fragt nach einem Schluck Rum, den er in seinen Kaffee schütten kann, winkt zu den Nachbarn herüber, als wären sie alte Bekannte, und fühlt sich vollkommen zu Hause.

Plötzlich taucht der Campingplatzbetreiber auf. Seine Plauze betritt zuerst unseren Zeltplatz, dann die Tränensäcke und zuletzt der Rest dieses offensichtlich alkoholkranken Menschen. Er spricht in tiefstem Österreicher Dialekt und fuchtelt dabei wild mit den Armen, wobei seine Tattoos lustig schlabbern. Hunde seien hier absolut verboten und Boote erst recht. Raus! Andrew versucht, den Mann zu beruhigen, und will anfangen, über

Idyllisch, aber nicht ganz legal: mein Übernachtungsplatz in Romanshorn.

seine vielen Reisen zu schwadronieren und wen er alles kennen würde, als er rüde unterbrochen wird. Raus!

Wir bedanken uns bei Mutter und Tochter, Buddy springt zurück an Bord, ich mache die Leine los, und wir legen wieder ab, weiter Richtung Norden, in die nächste Bucht. Andrew lenkt das Boot in den kleinen Hafen von Romanshorn, und ich sehe schon den perfekten Ort für mein Zelt: ein kleiner Hügel, wie eine Aussichtsplattform mit Blick über den Bodensee. Sicherlich ist Zelten dort strengstens verboten. Doch in der Dunkelheit wird man mich da oben kaum erkennen, insbesondere da mein Zelt camouflagefarben ist. Andrew meint, er wolle in seinem Boot übernachten. Dabei hat er noch nicht mal eine Isomatte oder Kissen oder irgendeine Unterlage dabei. Er erzählt etwas von einer Persenning, unter die er kriechen würde. Ich ziehe erstaunt die Brauen hoch – so einen Typen habe ich tatsächlich noch nie kennengelernt. Und wen habe ich nicht schon alles kennengelernt ...

Direkt neben dem Hafen liegt ein Restaurant. Andrew offenbart mir, dass er keinen Cent Geld dabeihätte – und auch keine EC-Karte. Kein Problem, sage ich und lade ihn auf eine Pizza und ein Bier ein. Wieder erzählt er Geschichten über Geschichten; einen verwirrenden Mix aus Business-Unternehmungen mit 60 Millionen von der Bank, Kneipen, die nach ihm benannt seien, und Schlössern, die er kaufen konnte, aber nicht wollte. Weiterhin spricht er jeden Menschen an, der an unserem Tisch vorbeikommt – wir sitzen am Rand der Pizzeria direkt neben der Flaniermeile von Romanshorn. Andrew winkt jeder Frau zu, auch wenn sie außer Sichtweite ist, verwickelt alle neuen Gäste in Gespräche und merkt nicht, dass die meisten Menschen eher ihre Ruhe suchen und vielleicht keine ausschweifenden Unterhaltungen führen möchten. Vielleicht haben sie auch nur Hunger und müssen sich erst einmal stärken. Andrew scheint keine Ahnung zu haben, dass er die meisten Menschen mit seiner Art abschreckt. Er meint sich ständig beweisen zu müssen, wie offen er ist und wie verschlossen die Menschen am Bodensee. Auf mich wirkt es fast so, als würde er Fremden ein Glas Wasser ins Gesicht schütten und sich wundern, wenn diese nicht mit Freude reagieren.

Auf dem Rückweg zum Hafen kommen wir an einer Jacht vorbei, in deren Heck zwei Frauen sitzen. Andrew lobt erst ihr Boot, dann ihr großartiges Äußeres, sieht dann die dazugehörigen Männer im Bug hantieren und meint, man könne die beiden doch über Bord werfen und ihre Stelle einnehmen. Dabei setzt er eine so unschuldige Mine auf, dass die Frauen lachen müssen, sich dann aber schnell wieder ihrem Getränk zuwenden.

Für gewöhnlich dauert es, bis mir Menschen wirklich unangenehm sind. Andrew hat es geschafft mit seiner Altherrengeilheit und Spießigkeit im Britenlook.

VIELLEICHT SPIELT AUCH MEINE ERKENNTNIS EINE ROLLE, DASS DER GRÖSSTE GEMEINSAME NENNER FÜR DIE PROBLEME UNSERER WELT ALTE WEISSE MÄNNER SIND.

Während ich mein Zelt aufbaue, stellt Andrew fest, dass er nicht in seinem Boot schlafen kann, weil es dort zu feucht ist. Die Sonne ist längst untergegangen und über dem See hängt Nebel. Er werde schon etwas finden, sagt er im Fortgehen. Ich atme erleichtert auf, als ich ihn los bin, öffne mein Handy und google: Andrew E. – den Typen gibt es wirklich. Und er ist tatsächlich Großgrundbesitzer aus hohem Hause in England. Er schreibt wirklich Bücher und engagiert sich kulturell und politisch. Was ist da schiefgelaufen?

Ich verbringe die erste gute Nacht seit meiner Abreise aus Deutschland und werde frühmorgens von Andrew geweckt, der schon einen Kaffee in der Hand hat – wohlgemerkt einen. Er meint, ich wäre so deutsch mit all dem Equipment: Zelt, Wasserkocher, Thermobecher. Alles sei so gut geplant und organisiert. Ich lasse mich auf diese These nicht ein, denn ich finde es schlicht praktisch, gut organisiert zu sein und sich morgens selbst einen Kaffee kochen zu können. Auch schadet es nicht, ein Zelt und eine Isomatte dabeizuhaben. Insbesondere, wenn man wie Andrew ohne Geld unterwegs ist.

MICH ENTSPANNT ES, NICHT VON ANDEREN ABHÄNGIG ZU SEIN.

ALPENRHEIN & BODENSEE

Mich entspannt es, nicht von anderen abhängig zu sein. Dies sei ein rein menschliches Bedürfnis und keine nationale Prägung, sage ich in einem vielleicht etwas zu strengen Ton. Andrew erzählt, dass er in dem Restaurant geschlafen habe, in dem wir gestern die Pizza gegessen haben. Auf einer Bank mit Kissen. Die Chefin hätte alles für ihn bereitet. Nette Lady.

Als ich befürchte, ihn nie wieder loszuwerden, besteigt Andrew plötzlich sein Boot, macht die Leine klar und fährt zurück nach Hause. Er sagt *goodbye*, als würden wir uns nur flüchtig kennen, wünscht mir, dass ich nicht ersaufen möge, und ist verschwunden. Buddy bellt mir noch lange hinterher.

ROMANSHORN – KUHHORN/TÄGERWILEN

Auf all meinen Reisen, und ich bin viel und weit gereist, begegneten mir Menschen mit bestimmten Ansichten über mich, weil ich Deutscher bin. Ich würde sicherlich viel arbeiten, hieß es. Dabei hätte ein wenig Menschenkenntnis genügt, um zu erfassen, dass ich kein arbeitsamer Typ bin. Ob ich ein schönes deutsches Auto hätte – ich, der ein 37 Jahre altes Wohnmobil fährt. Ein italienisches noch dazu. Ob ich Fußballfan sei – das immerhin konnte ich bejahen. Borussia Mönchengladbach lässt sich für ausländische Zungen allerdings nicht aussprechen. Für Franzosen klingt mein Lieblingsverein wie Coitus interruptus, für Spanier wie eine besondere Form der *Burritos* und für Engländer nach der schlimmsten Pleite der 1970er-Jahre.

Vor Jahren fragten mich amerikanische Jugendliche, ob ich Hitler mögen würde und wo die Autobahn wäre – diese öffentliche Rennstrecke, auf der es kein *Speed limit* gebe. Ob Sauerkraut wirklich unser Nationalgericht sei und ob die Alten immer noch Lederhosen trügen. Dass BMW nicht die Abkürzung für British Motor Works ist, glaubte mir niemand. Und dass wir alle sonntags um 20.15 den *Tatort* gucken würden, halte ich, wenn ich lange unterwegs bin, auch für eine Mär. Es ist nicht einfach, einem Amerikaner zu erklären, dass ich gehisste Fahnen und Nationalhymnen nur schwer ertrage.

In England wurde ich *Commi* genannt, weil sie das mit den zwei deutschen Staaten nicht ganz verstanden hatten und meinten, ich sei Kommunist. In einer polynesischen Schule sollte ich das Dritte Reich erklären, und am Ende stellte die Lehrerin die Testfrage, ob die Nazis denn nun gut oder böse gewesen waren, und nicht jeder wusste die Antwort. In Israel hatte mich ein alter Mann deutsch sprechen gehört und mir mit Tränen in den Augen gesagt, wie er meine Sprache lieben würde. In Frankreich stand eine Frau vom Tisch auf, als sie erfuhr, dass ich Deutscher bin. Und in meinem eigenen Land komme ich mir häufig so fremd vor, dass ich mich unterwegs mehr zu Hause fühle als daheim. Manchmal habe ich das Gefühl, dass ich nicht in mein Land passe, denn ich kann weder befehlen noch gehorchen.

Heute begegnen mir Menschen auf der ganzen Welt viel offener als früher. Wir Deutsche werden nicht mehr sofort mit unserer Vergangenheit konfrontiert und in die Nazi-Schublade gesteckt – aber immer noch häufig. Sicherlich entstand ein neues Bild von diesen Deutschen mit Joschka Fischer als Außenminister, dem Sommermärchen 2006 oder mit der Flüchtlingskrise. Mittlerweile können uns die anderen wirklich gerne haben, denn wir werden jetzt größtenteils als offenes, wohlerzogenes, kultiviertes und weiterhin strebsames Volk wahrgenommen. Aber – ist das gut so und sind wir das wirklich? Und ist das schon alles? Wer sind wir also?

> DASS BMW NICHT DIE ABKÜRZUNG FÜR BRITISH MOTOR WORKS IST, GLAUBTE MIR NIEMAND.

Den meisten Freundinnen und Freunden in meinem Umfeld kam im Gegensatz zu mir in diesen seltsamen Zeiten überhaupt kein Gedanke ans Reisen. Noch nie war es zu Hause so sicher wie im Moment. Die Ruhe und das Nichtstun brachten großartige neue Ideen hervor. Ein Freund fing einen erfolgreichen Podcast an, eine Freundin schrieb endlich ihren Roman zu Ende, meine Brüder heirateten doch noch ihre langjährigen Partnerinnen. Und ich? Was blieb für mich übrig – ich hatte ja schon meine Podcasts und so viele Bücher geschrieben. Und Heiraten ist irgendwie nix für mich. Reisen ging auch schlecht. Was also tun?

Noch nie hatte ich so viel Zeit, über mich nachzudenken. Wo komme ich her, wo will ich hin, mit wem will ich da hin, und was macht mich wirklich glücklich?

Was blieb an Möglichkeiten des Unterwegsseins übrig, die zumindest ein bisschen Abenteuer verhießen und trotzdem international waren? Die Antwort lag auf der Hand. Mir war sofort klar, dass eine Rheintour die perfekte Reise sein würde. Ich würde wie immer auf dem SUP, mit Zelt und Kocher, von oben bis unten einen Fluss bewandern. Von den Alpen in die Nordsee. Start in der Schweiz, die weiterhin zu den wenigen Ländern in Mitteleuropa gehört, die ohne großes Aufheben Menschen ein- und ausreisen lässt. Da der Rhein Liechtenstein und Frankreich nur streift, werde ich spontan sehen, ob ich dort Halt machen kann. Durch Deutschland darf ich als Deutscher sowieso paddeln, und wie sich die Lage in den Niederlanden entwickelt, sehe ich, wenn ich dort bin. Schlechtenfalls schaffe ich es nicht bis an die Nordsee – aber da ich geimpft bin, könnte meine Mission *Von den Alpen an die Nordsee* zu schaffen sein. Und ich hätte endlich Zeit, meinen Wurzeln nachzuspüren. *Wer sind wir – und wenn ja, wie viele?*, würde der Philosoph Richard David Precht fragen.

> **MIR WAR SOFORT KLAR, DASS EINE RHEINTOUR DIE PERFEKTE REISE SEIN WÜRDE.**

Der Bodensee liegt glatt und unberührt vor mir, über mir dreht ein Zeppelin seine Runde, hinter mir liegen die Alpen, die an einigen Stellen sogar schneebedeckt sind, neben mir schimmert irgendeine Stadt im Frühnebel, auf den Buhnen sitzen Fischreiher, Strandläufer, Kiebitze und Kormorane, am Ufer stehen Häuser so schön, als hätten sie sich in Architekturwettbewerben gegenseitig übertreffen müssen. Dahinter stehen Reben in Reih und Glied und schmiegen sich an die Hänge. Enten und Schwäne treiben friedlich übers Wasser, Fische zischen unter meinem Brett hindurch, groß wie Bootsfender.

Ich lasse Hutmuseum, Napoleonmuseum, Zeppelinmuseum und Baggermuseum links liegen, denn ich bin hier nicht auf einer Kulturreise, sondern bewege mich in der Natur jenseits aller Kultur auf einer aufblasbaren Gummimatratze über diesen See und möchte alles auf dieser Reise direkt erleben – ohne Spaßprogramm, Ferienplan und Touri-Nepp.

Die Schweiz habe ich schon immer gemocht, hatte aber stets Angst vor den drakonischen Strafen bei Verkehrssünden. Immerhin haben sie damit meinen Verkehrsstil gebändigt und meinen Blick für die Schönheit der Berge und Schluchten geschärft. Jetzt aus der Wasserperspektive kommt mir dieses kleine Land vor wie aus einem Werbeprospekt. Alles ist sauber und gepflegt, formsicher und schmuck. Die Schweiz scheint eine perfekte Mischung aus Wohlstand, Tradition und Fortschritt zu sein. Ich idealisiere – aber was soll ich machen bei so viel Perfektion.

Das Wetter ist wärmer als in jeder Region Deutschlands, die geschwungenen Hügel so lieblich wie nirgends, die Natur größtenteils unberührt, freundlich und wie für uns Menschen geschaffen. Dazu liegt die große weite Welt nur ein paar Kilometer entfernt – der Flughafen von Zürich ist das Tor zu allem. In einigen Gärten wachsen Palmen, und wenn ich hier schreibe, dass ich sogar Bananenstauden gesehen habe, glaubt mir das kein Norddeutscher. In meiner Heimat sind Grünkohlpflanzen das höchste der Gefühle – in Detmold nennen wir sie *Lippische Palme* und trösten uns so über das miserable Wetter hinweg.

In der Schweiz herrscht altes Geld, das nicht prahlen möchte – eher das Gegenteil. Dezente Eleganz baut sich hinter den Böschungen auf und steht als Wahrzeichen der heilen Welt. Zumindest von außen ist hier alles gut. Nur weiter oben in den Hängen stehen moderne, neureiche Buden mit Fensterfronten, die protzig auf den See blicken.

Da heute Samstag ist, brettern so viele Motorboote über den See, dass es nicht nur unangenehm, sondern auch gefährlich ist. Ich weiß, dass sich Motorbootfahrer häufig überschätzen und noch dazu selten gute Seeleute sind. Ich könnte jetzt eine Menge Horrorgeschichten über Bootsunglücke auflisten, möchte aber die heile Welt hier unten nicht schlechtschreiben.

Seltsam, dass die Schweiz keine stärkere Reglementierung trifft. Wo wäre das Problem, nur noch Boote mit Elektromotoren auf dem Bodensee zu erlauben? Auf dem Wasser dröhnt das Brummen der PS-Monster über Kilometer den See hinauf und hinunter. Für die Bewohner, die nahe am Wasser leben, müssen diese Sommerwochenenden die Hölle sein.

Touristendampfer schippern an mir vorbei, und die Menschen winken mir aufgeregt zu. An meinem Gepäck erkennt man schnell, dass ich eine größere Reise unternehme. Im Gegensatz zu Norddeutschland sind die Dampferkapitäne hier freundlich und grüßen zurück. Auf der Förde oder der Alster wäre es undenkbar, dass einer der Barkassenführer einem Stand-up-Paddler auch nur zunickt. Sogar die Ruderer sind hier ohne Allüren und rufen mir fast immer ein freudiges *Grüezi* entgegen. In Deutschland halten sich viele Ruderer – ähnlich wie die Segler – für die Elite auf dem Wasser. Neuankömmlinge mit aufblasbaren Gummiplanken werden schlichtweg ignoriert. Es ist verblüffend, wie unhöflich elitäres Denken machen kann.

ES IST VERBLÜFFEND, WIE UNHÖFLICH ELITÄRES DENKEN MACHEN KANN.

Ich paddle dicht an der Konstanzer Wasserfontäne vorbei, die 30 Meter hoch in die Luft spritzt. In ihrer Gischtwolke sitzen ein paar Kanufahrer in ihren Booten und lassen sich kühlen. Regenbögen spritzen übers Wasser, und der Dunst zieht sich bis in den Konstanzer Hafen.

Die Schweizer ahnen, dass dies das letzte Sommerwochenende des Jahres sein könnte. Jedes Boot des Bodensees scheint auf dem Wasser zu sein, und in den Biergärten am Ufer stehen die Leute Schlange. Wie so oft frage ich mich, wie wir den nächsten Winter überstehen sollen. Ohne Sonne, ohne Draußen, dafür mit Corona.

Hinter einer Brücke in Konstanz rausche ich an einem Schild vorbei: Rheinkilometer 0. Ab hier wird offiziell gezählt. Die Tage vorher? Vorbei und vergessen. Es ist so egal, wie viele Kilometer ich auf dieser Reise mache oder gemacht habe. Die Eindrücke zählen, das Erlebte, das, was ich daraus mache. Und das ist schon nach diesen drei Tagen fast mehr, als ich ertragen kann.

ROMANSHORN – KUHHORN/TÄGERWILEN

Kurz nach dem Schild kommt eine Stromschnelle, und der Rhein verwandelt sich für hundert Meter in ein brodelndes Sudbecken, das mich an die schrecklichen Momente auf dem Alpenrhein erinnert. Ich knie mich auf mein Brett, um nicht ins Wasser zu stürzen, und überstehe die Schwellen ohne Mühe. Ein paar Meter später flüstert der Rhein wieder, kleine Wellen lispeln am Bug meines Bretts, und es herrscht wieder dieser unbedingte Frieden innen wie außen.

Das Wasser des Untersees ist tiefgrün, unter mir schlingern Pflanzen wie die Haare von Seeriesen und versuchen die wippenden Fransen der Trauerweiden am Ufer zu erreichen. Biergärten, Schlösser und Burgen schauen dabei zu und schicken ihre Späher in die Luft, die mich umkreisen, als wäre ich die einzige Attraktion auf dem Wasser. Zum Glück gibt es hier keine Möwen, denn die lieben nichts mehr, als Paddler zu bescheißen.

Ein paar Kilometer hinter Konstanz sehe ich eine Wiese am Rhein, mit ein paar Menschen auf Picknickdecken. Wie so häufig auf Reisen kommen mir diese Menschen wie Staffage meines eigenen Films vor. Als wäre alles

Das Museum im Turmhof im schweizerischen Steckborn widmet sich Land und Leuten am Untersee.

inszeniert, als hätte ein übermächtiger Regisseur die Szenerie und das Setting extra aufgebaut, um die Perfektion dieser Welt zu demonstrieren.

Als ich mich nähere, erkenne ich, dass es sogar einen kleinen Imbiss gibt. Ich bestelle das Günstigste: ein Stumpli, 6,50 Fränkli. Entgegen meiner sonstigen Gepflogenheiten brauche ich Fleisch, hier in Form von roter, dicker Wurst. Fett gibt Kraft – und genau die brauche ich gerade.

AUF SOLCHEN REISEN GIBT ES KEINEN RAUM FÜR EXTRAWÜRSTE WIE VEGETARISMUS UND ÄHNLICHES.

Kaum habe ich aufgegessen, setzt sich ein Mann zu mir – stellt sich als Gisbert vor, schüttelt mir trotz Corona die Hand und fragt, wo ich herkomme und was mein Ziel wäre. Ich erzähle ihm von meiner Reise, und er beneidet mich um die Tour – er ahnt nicht, welche Strapazen so eine Reise mit sich bringt. Gisbert dürfte ein bisschen älter sein als ich und spricht mit westfälischem Dialekt. Seine Eltern kämen aus Hagen, er sei in Südafrika aufgewachsen, lebe seit dreißig Jahren in der Schweiz und könne sich nicht vorstellen, je wieder nach Deutschland zurückzukehren. Was denn an der Schweiz so anders sei als in Deutschland, frage ich. Er lacht. »Hier ist alles schon mal viel teurer. Aber das bedeutet, dass in der Schweiz so viel Geld in Umlauf ist, dass die Menschen hier generell einen entspannteren Umgang mit Geld pflegen. Sie wissen, dass es von allem genug gibt. Hier gibt es keine Mittelschicht mit diesem kranken Ehrgeiz wie in Deutschland. Hier kocht jeder sein Süppchen, prahlt nicht rum, denkt auch mal an andere und lebt ein bescheidenes und zufriedenes Leben.« »Komm«, sage ich. »Bescheiden? Guck dich mal um, was hier für Boote an uns vorbeifahren und was für Villen hier am Ufer stehen.« »Die Boote«, erwidert er, »das garantiere ich dir, gehören Deutschen. Und die Villen sind 120 Jahre alt. Altes Geld, das den Leuten seit Generationen ihre Freiheit lässt. Hast du schon mal einen Schweizer getroffen, der nicht zuvorkommend und höflich war?«

Während ich überlege, kommt die Kiosk-Chefin auf uns zu. Jetzt gibt's ein Donnerwetter, denke ich, weil ich mein Zelt aufgeschlagen habe und dies hier sicherlich nicht erlaubt ist. Die Frau ist um die 60, hat ein recht verlebtes Gesicht, das ein schiefes Grinsen ziert. »Wenn Sie möchten, können Sie heute Nacht in unserer Hütte schlafen. Da gibt's keine Schnaken.« Ich bin überwältigt – und denke gleichzeitig, dass die das hier abgesprochen haben. Aber ich kenne diese Zufälle auf Reisen.

Hinter Dreifachverglasung kriege ich ja nicht mal mit, wenn es draußen regnet.

Ich bedanke mich überschwänglich bei der Frau, lehne ihr Angebot allerdings ab, da ich viel lieber im Zelt schlafe. Ob das für sie okay wäre? Aber natürlich sagt sie und bietet mir eine Zigarette an. Obwohl ich seit 25 Jahren nicht mehr rauche, nehme ich an. Wird mich schon nicht umbringen und erst recht nicht wieder süchtig machen, denke ich.

WEIL MAN UNTERWEGS AUS DEM ALLTAGSTROTT HERAUSKOMMT UND SO VIEL NEUES ERLEBT, SIEHT MAN ERST, WIE VIELE ÜBERRASCHUNGEN DAS LEBEN BEREITHÄLT.

Ob ich wirklich bis nach Rotterdam wolle. Ich bejahe, und sie findet das großartig. »Ihr Deutschen, ihr macht wenigstens was. Ihr nehmt euch was vor, und dann geht's los. Wir Schweizer sind viel zu satt.« Ich lasse das mal so stehen und freue mich über das Lob. Gisbert verzieht den Mundwinkel und sagt nichts. Plötzlich ertönt hinter uns ein lautes Tröten. Am Kiosk steht ein Mann und bläst durch ein zu kurz geratenes Alphorn. Ein paar schiefe Töne scheppern in erstaunlicher Lautstärke bis weit in die Natur hinaus. »Das ist mein Mann«, sagt die Kioskbesitzerin. »Immer, wenn ein Touristendampfer vorbeifährt, grüßt er mit seinem Kuhhorn.« Ich betrachte das Ding genauer und sehe, dass es tatsächlich ein Kuhhorn ist, das auf einem hohlen Ast aufgepflockt ist. Wie ein Didgeridoo mit Horn, denke ich noch, als ein Dampfer mit einem dreifachen Getute lautstark zurückgrüßt. An der Reling stehen fröhliche Menschen und winken in unsere Richtung, und die gesamte Wiese erhebt sich und winkt zurück. Sollte ich nochmal erwähnen, dass die Schweizer ein nettes Völkchen sind?

Hochrhein

VON KUHHORN/TÄGERWILEN
BIS BAD BELLINGEN

Eine Holzbrücke aus dem 13. Jahrhundert verbindet die Schweizer Gemeinde Stein am Rhein mit dem deutschen Bad Säckingen (im Hintergrund: das Münster St. Fridolin).

Hochrhein

*»Vorsicht ist das, was wir
bei anderen Feigheit nennen.«*
Oscar Wilde

KUHHORN/TÄGERWILEN – WAGENHAUSEN

Es war schon lange klar, dass ich eines Tages den Rhein mit dem SUP befahren würde. Die Idee kam mir – wie so viele Ideen – unterwegs: Ich paddelte für ein paar Tage mit Freunden auf dem Hudson; der Fluss war dreckig, der Gegenwind ließ uns nicht von der Stelle kommen, immer wieder durchnässte uns der Regen, und ich wünschte mich nach Hause. Nach Deutschland. Dieses Gefühl nennt man wohl Heimweh. Ich hätte heulen können und ein Buch schreiben mit dem Titel: »Was mache ich hier?« Ich wollte nicht mehr in diesem verfluchten Amerika sein, wo die Menschen nur so tun, als ob sie nett seien. Wo die Natur gewaltiger und feindlicher ist als zu Hause – selbst die Regentropfen sind größer. Wo das Lebensgefühl auf einem großen Traum basiert, in dem alles möglich ist,

KUHHORN/TÄGERWILEN – WAGENHAUSEN

und wo in Wahrheit mehr Menschen im Elend leben als in allen Industriestaaten zusammen, wo täglich Dutzende erschossen werden und die Bildung katastrophal ist.

Vor mir paddelte Justin, ein alter Freund aus England – klein, muskulös und mit unglaublichem Durchhaltevermögen. Ein Kraftwürfel. Er bahnte uns den Weg, pflügte durchs Wasser wie ein Landwirt über Äcker bei nahendem Gewitter. Justin fühlt sich am wohlsten, wenn er kämpfen muss. Wenn sein Körper an seine Grenzen geführt wird. Vielleicht wohler als an Land, wo er sich unterhalten muss. Neben mir paddelte John, ein amerikanischer Freund, der sich durch seine Gelassenheit auszeichnet. Er stach sein Paddel stumpf in den Hudson, machte einen Schlag nach dem anderen und schien nur körperlich anwesend zu sein. Sein Geist war vermutlich an einem anderen Ort, wo es weniger unwirtlich war. Hatte er überhaupt die Augen geöffnet, oder blinzelte er in den Regen? Es schüttete so stark, dass uns das Wasser durch das Ölzeug in die Unterhosen floss.

In herrlicher Flusslandschaft bei Wagenhausen versteckt sich ein kleiner Zeltplatz.

Irgendwann tauchte eine Werft auf, und wir beschlossen, dort Unterschlupf zu suchen, bis das Schlimmste ausgestanden war. New York war noch drei Tage entfernt – bei dem Wetter weiter weg als der Mond.

> **DER RHEIN HAT ALLES, WAS EIN FLUSS BRAUCHT: NATUR, GESCHICHTE, ABENTEUER.**

Die Werft bestand aus einer gewaltigen Schwimmhalle, in der ein paar Boote lagen. Als wir uns auf unseren Brettern dem Ende der Halle näherten, kam ein Mann auf uns zu und fragte nicht unhöflich, was genau unser Plan wäre. John erklärte ihm unsere Lage, und der Typ bot uns Kaffee an. Wir plauderten ein wenig über das miese Wetter und den verfluchten Hudson, der seit dem Wehr in Troy einen gigantischen Tidenhub aufwies und im Moment nur frühmorgens oder abends zu paddeln war. Tagsüber hätten wir im Moment die steigende Flut gegen uns.

Als der Mann meinen Akzent hörte, fragte er, was ich hier in diesem gottverfluchten Amerika machen würde, wo ich den schönsten Kontinent des Planeten meine Heimat nennen dürfe. Ich hasse es, wenn ich meinen deutschen Akzent nicht vertuschen kann. Aber der Kerl hatte feine Ohren. »Warum paddelst du diesen verbauten denaturierten Hudson runter, an dessen Ufern nichts von der alten Geschichte der Ureinwohner übriggeblieben ist? Wo die ursprüngliche Größe und Anmut der Natur gar nicht mehr zu erkennen sind?« Ich zog unsicher die Schultern hoch – abgesehen vom Wetter fand ich den Hudson bisher gar nicht so schlimm. Immerhin wurde er in Seemannskreisen wegen der steilen Schluchten der *Rhein Amerikas* genannt. Warum ich nicht zu Hause auf den Rhein gehen würde, diesen Fluss, den wir »father« nennen. Dort hätte ich doch alles, was ein Fluss braucht: Natur, Geschichte, Abenteuer. Ich nickte lange und wusste, dass der Mann nicht ganz Unrecht hatte. Ich habe in den vergangenen Jahren alle Kontinente dieses Planeten bereist und kenne mich vor meiner eigenen Haustür nicht aus.

Vielleicht würde mich der Rhein in eine neue Dimension versetzen. Vielleicht würde ich seinem Mythos erliegen und ganz neue Seiten an meinem Land und damit an mir entdecken. Eine SUP-Tour auf dem Rhein wäre ein Ritt durch Vergangenheit und Gegenwart, durch Geschichte und Geografie, durch sechs Länder und mehr als tausend Kilometer.

»Wem willst du hier begegnen?«, holte mich der Mann zurück. »Die Indianer haben wir umgebracht oder deportiert. Vom Geist der ersten Siedler ist auch nichts übriggeblieben. Und das Amerika von heute ist doch wohl kaum eine Reise wert.« »Na ja«, warf ich ein und wurde sofort unterbrochen. »Bei euch auf dem Rhein – da begegnest du noch den Römern, dem Mittelalter, den großen Kriegen. Da liegen deine Wurzeln. Begegne ihnen, huldige ihnen. Gedenke den Opfern. Den Geistern.«

Sechs Stunden paddle ich heute an meinem Vaterland vorbei, denn es liegt rechts von mir, links die Schweiz. Das, was ich da rechts sehe, ist nicht meine Heimat. Es ist ein Land, das lediglich den gleichen Namen trägt. Meine alte westfälische Heimat und meine neue norddeutsche haben nichts mit dieser Blüte am Bodensee gemein. Lieblicher und einladender kann keine Region unseres Planeten sein. Ich bin schockverliebt und möchte gar nicht mehr weg. Schon als Kind habe ich mich gefragt, warum Menschen überhaupt in Detmold gesiedelt haben. Dort gibt es weder Flüsse noch Seen, keine bedeutende Handelsroute, kein besonders fruchtbares Land und keinen Herrscher, der mit Geldern oder Versprechen lockt. Und warum hat mich der liebe Gott da abgesetzt? Wo es immer regnet, die Menschen eher grummelig sind und die Möglichkeiten so schrecklich begrenzt. Wie vielen Jugendlichen in unserem Land mag es so gehen?

> **WARUM HAT MICH DER LIEBE GOTT DA ABGESETZT, WO ES IMMER REGNET …?**

Kaum setze ich einen Fuß an Land, schwindet das Gefühl des Entzückens: Der Dialekt der Einheimischen ist kaum als meine Muttersprache zu erkennen und besticht nicht unbedingt durch seine Lieblichkeit – die Landschaft hat die Sprache schon mal nicht gefärbt. Freundlichkeit scheint nicht automatisch zur hiesigen Kultur zu gehören – Hafermilch gibt's hier nicht, blafft eine Bäckerin einen Kunden an, und die sauberen Vorgärten mit ihren geschwungenen Kieswegen und den Hortensien flüstern »Hey Junge, hier herrschen noch Recht und Ordnung. Paradiesvögel und Vagabunden wie du benutzen bitte die andere Straßenseite«.

In Stein am Rhein fühle ich mich von den Massen erschlagen. Touristenscharen strömen durch die hübschen Gässchen und reden in allen Sprachen unseres Planeten. Das alte romantische Deutschland aus der Goethezeit scheint hier unbedingt aufrechterhalten werden zu müssen, als hätte es keine Geschichte danach gegeben. Die heile alte Welt als Magnet für die Massen. Eine Scheinwelt, die mir fremd ist.

Im Moment bin ich am liebsten auf dem Wasser. Von dort sieht die Welt nach einem Sehnsuchtsort aus, dessen Anziehung verblasst, sobald ich ihn betrete.

VOM WASSER SIEHT DIE WELT NACH EINEM SEHNSUCHTSORT AUS, DESSEN ANZIEHUNG VERBLASST, SOBALD ICH IHN BETRETE.

Es ist, als würde ich einen Regenbogen sehen und hätte plötzlich die Möglichkeit, ihn zu betreten, und alle Farbe schwindet.

Wenn mich etwas an Land zieht, dann ist es die Aussicht auf ein Eis. Ich laufe also kreuz und quer durch dieses kitschige Stein am Rhein und finde keinen Eisladen; habe auch keine Lust, die Menschen hier anzusprechen und zu fragen, wo es denn wohl ein Eis geben könnte. Ich fühle mich wie ein Eindringling, wie ein Fremder in einem fremden Land. Also kehre ich irgendwann in eine Bäckerei ein, kaufe zwei belegte Brötchen und eine Cola zu horrenden Preisen, setze mich auf eine Treppenstufe und atme kurz durch. Was genau schreckt mich hier eigentlich so ab? Vielleicht die Hitze, die hier zwischen den Gassen hängt, da der Wind auf dem Fluss geblieben ist. Vielleicht die aufgetakelten Menschen bei ihren Sonntagsspaziergängen. Vielleicht die beiden Girlies, deren knallroter Lippenstift in der Sonne schmilzt und den Anschein hinterlässt, als wären sie direkt einem Vampirfilm entstiegen.

Ich verlasse den Bodensee, nehme Verwirbelungen und Strömungen des rasend schnell fließenden Rheins gelassen hin und weiß, dass mir nach dem Alpenrhein nichts mehr Angst macht. Manchmal kann ich den Boden sehen, und es fühlt sich so an, als würde ich über den Rhein fliegen. Im Wasser stehen Pfähle als Markierung für die Schiffsrinne. Ich halte mich am Rand und frage mich, warum jede Strömung auf allen Flüssen, die ich kenne, versucht, den Paddler genau gegen diese Pfähle zu drücken. Sie scheinen schwimmende Gegenstände magnetisch anzuziehen. Ich muss die ganze Zeit achtgeben, nicht gegen einen dieser Pfähle zu prallen, denn bei einer Strömung von fast zehn Stundenkilometern könnte dies das Ende der Reise bedeuten.

Das Grün des Ufers ist so saftig, dass ich mich auch in der Karibik befinden könnte. Mit ein bisschen Fantasie liegen da Krokodile im Sand und keine angeschwemmten Baumstämme. Am liebsten würde ich die Zeit festhalten und mein kurzes Glück in einen Blumentopf pflanzen und mit nach Hause nehmen für kalte, harte norddeutsche Tage nach dieser Reise.

Heute bin ich endgültig auf *meinem* Rhein angekommen. Vermutlich ist niemand länger auf diesen Gewässern unterwegs als ich. Alle, die mir begegnen, machen Tagesausflüge, sind höchstens übers Wochenende unterwegs. Eine ganze Woche ist niemand auf diesem Fluss.

ICH FÜHLE MICH WIE EIN ALTER GEIST, DER ÜBER DAS WASSER GEHT, DIE LANDWELT HÖCHSTENS STREIFT UND ANSONSTEN UNSICHTBAR HINTER DER NÄCHSTEN BIEGUNG VERSCHWINDET.

Heute ist ein Tag der Stille. Ich werde das Gefühl der Verbundenheit, des Einsseins tief in mich einsinken lassen. Genau dafür ist eine solche Reise da. Natürlich bin ich alleine – aber niemals einsam. Dafür ist das große Ganze um mich herum viel zu präsent und mächtig. Hier auf dem Fluss treffe ich keine Menschen, die mir auf die Nerven gehen. Niemand möchte mir etwas verkaufen. Ich sehe auch keine Werbeplakate, und nichts stiftet mich dazu an, Social Media anzumachen oder bei Amazon einzukaufen. Das ist meine Freiheit. Hier draußen.

Wie ruhig der Fluss ist. Wie entspannt er mich auf sich treiben lässt. Wie freundlich von ihm, dass er mich einfach so aufnimmt. In aller Ruhe und Stille gleiten Berge und Dörfer an mir vorbei, ich schaue Fischen beim Spielen zu, winke Bauern, wünsche Anglern Glück, bestaune wilde Seegräser und kreisende Milane am Himmel hoch über mir und speichere Hügelketten in ihrer sich verschiebenden Dreidimensionalität für immer in meinem Gehirn ab.

AUF SOLCHEN REISEN SCHEINT SICH DIE ZEIT ZU DEHNEN – VIELLEICHT, WEIL ICH SO VIEL RAUM AUFNEHME. GESTERN SCHEINT SCHON EWIG HER.

Mein Tag auf dem Alpenrhein liegt jedoch in einem anderen Zeitalter. Und dieser Fluss hat überhaupt keine Ahnung davon, was Zeit eigentlich ist. Er ist immer neu, fließt nie nicht, floss schon immer und wird in Ewigkeit fließen.

Wer sind wir, dass wir uns so viele Gedanken über die Zeit machen?

Ich nehme die Weiten dieser Reise voll in mich auf, die Landschaften mit ihrer Pflanzen- und Tierwelt, die Wälder und das Wasser, das Licht und die Wolken. Ich darf nicht achtlos mit der Zeit umgehen, die mir diese Reise zur Verfügung stellt.

In irgendeiner Biegung sehe ich am linken Ufer direkt vor dem Wald eine alte Mauer, und dahinter erstreckt sich eine kleine Wiese – höchstens zwei Meter breit. Von dort bin ich vom Wasser aus fast nicht zu sehen, denn die Wiese liegt hinter einer leichten Anhebung in einer Kurve. Ich lande an, erkenne sofort, dass ich den perfekten Zeltplatz gefunden habe, sogar mit Feuerstelle und gehacktem Holz. Irgendwer scheint diese Stelle zu nutzen. Hoffentlich lässt er mich über Nacht bleiben und verscheucht mich nicht.

Von den Schweizern weiß ich, dass ihnen ihre Privatsphäre heilig ist. Ein Bekannter erzählte mir, dass er von so einer Stelle verscheucht wurde mit dem Argument: *wenn das jeder machen würde*. Das macht natürlich

KUHHORN/TÄGERWILEN – WAGENHAUSEN

Die Natur meint es gut mir mir: mein Heim für eine Nacht.

nicht jeder, und wir Wanderpaddler nehmen auch niemandem etwas weg. Ganz im Gegenteil: Ich hinterlasse jede Schlafstätte ordentlicher, als ich sie vorgefunden habe, sammle Müll ein, ordne Holz, richte Feuerstellen wieder her.

Ich breite meine Decke aus, lehne mich an den Hang hinter mir, schaue auf diesen perfekten Fluss, lasse die Gedanken treiben und versuche, ein wenig Ordnung in die vergangenen Tage zu bekommen. Was ist seitdem mit mir passiert? Ich lausche dem Fluss, ob er mir vielleicht etwas flüstert – aber es ist nichts zu hören. Auch kein *Ich bin dein Vater*. Zum Glück kann ich noch über mich selber lachen.

Ganz am Anfang dieser Reise, kam die Frage auf: Wie kommt ein Fluss dazu, als *Vater* bezeichnet zu werden? Doch die Römer haben früher wohl jeden größeren Strom Vater genannt – also ist er bis heute Vater Rhein geblieben. Die Donau oder die Elbe könnten wir als Mutter bezeichnen, tun es aber nicht. Nur ein Fluss kann der Vater sein. Und jeder von uns verbindet etwas mit ihm. Meist ist es Melancholie, das Bewusstwerden der Vergänglichkeit oder etwas undefiniert Romantisches.

Alles fließt, *panta rhei*, schrieb der griechische Philosoph Heraklit. Wenn ich auf den Rhein schaue, stimmt es, dass alles fließt: die Zeiten, die Generationen. Sein Fließen steht für den ewigen Wandel, den nichts aufhalten kann. Eine permanente Veränderung fließt an mir vorbei und sieht doch immer gleich aus. Natürlich ist dies alles symbolisch und abgedroschen und trotzdem wahr. Genau dieses Fließen macht die Anziehung aus.

AM ENDE SITZT DER ERLEUCHTETE STILL AM FLUSS UND GENIESST DAS SEIN.

Erst haben ihn die Maler gemalt, dann die Dichter besungen, schließlich hat ihn die Industrie erobert. Und jetzt? Was machen wir jetzt mit diesem Fluss, wo er schon zu häufig gemalt, besungen und zerstört wurde? Wir bewältigen ihn mit dem SUP. Wie gerne würde ich das Bild des Stand-up-Paddlers als Zeichen des Aufbruchs in eine neue Zeit sehen. In eine Zeit, in der wir dem Planeten nicht mehr schaden. In der wir Menschen uns gegenseitig unterstützen. In der ein Umdenken stattfindet: weg vom Egoismus, hin zum Altruismus.

Lasst mich träumen. Träumen verschönerte schon immer meinen Blick aufs Leben. Nur, weil ich ein Träumer bin, sitze ich jetzt hier und träume.

Hesses berühmte Erzählung *Siddhartha* kommt mir in den Sinn. Am Ende sitzt der Erleuchtete still am Fluss und genießt das Sein. Für ein paar Augenblicke gelingt mir das auch – und schon kreisen die Gedanken wieder wie in einem Karussell. Vielleicht bin ich einfach noch nicht alt genug, um nur noch an einem Fluss zu sitzen und zu sein. Ich bin ganz still. Schaue aufs Wasser, blinzle leicht in das Glitzern hinein und versuche, diesen Fluss besser zu verstehen.

WAGENHAUSEN – RHEINSFELDEN

Hat jeder Fluss seinen eigenen Geruch? Oder wie finden Fische ihren Geburtsort, um dann dort zu laichen? Vielleicht eher durch ein eingebautes GPS als über den Geruchssinn? Der Rhein riecht mit Sicherheit anders als der Po.

Oder hat jeder Fluss seine eigene Stimme? Ruft der Rhein anders in die Welt hinaus als die Rhone? Ist die Strömungsgeschwindigkeit der Ton eines Flusses? Klingt *Mutter Ganges* anders als *Vater Rhein*? Angeblich ist der Ganges heilig – aber wie kann ein Fluss heiliger sein als ein anderer? Einem Lachs oder Wels ist Heiligkeit so was von egal. Heiligkeit ist eine reine Erfindung von uns Menschen. Wenn es Gott gibt, so wird er nicht gesagt haben: Dieser Fluss soll heiliger sein als der Nachbarfluss. Für Gott sind alle Flüsse gleich, sonst wäre er ein schlechter Gott. Dabei darf ich nicht vergessen, dass Gott ebenfalls nur eine Erfindung von uns Menschen ist.

> **EINEM LACHS ODER WELS IST HEILIGKEIT SO WAS VON EGAL.**

WAGENHAUSEN – RHEINSFELDEN

Riesige Fische springen übers Wasser und versuchen die saftigsten Moskitos zu verspeisen. Ob sie auch diejenigen erwischen, die mich heute Nacht fast ausgesaugt haben? Und würden sie den Forellen besonders gut schmecken oder eher nicht? Wie ärgerlich, dass ich keine Angel mitgenommen habe. Jetzt auf Forelle zu gehen, ein Feuerchen machen und einfach hier sitzen bleiben, für Wochen, wäre das ultimative Ergebnis und die letzte Konsequenz meiner vielen Reisen. Es gibt keinen Zeitplan, nichts zu erreichen. Niemandem muss ich irgendwas beweisen. Das sollte mein Slogan sein.

HOCHRHEIN

Langsam steigt die Sonne durch die Bäume am gegenüberliegenden Hang, und der Nebel lichtet sich. Die Forellen sind satt, und die ersten Ausflugsschiffe passieren meinen Zeltplatz. Ich gehe noch einmal schwimmen und breche dann doch auf. Auch der Zauber hat sich mit der gleißenden Sonne gelichtet.

Mittlerweile habe ich eine Packroutine entwickelt und verstaue meine Sachen innerhalb von zwanzig Minuten in den Taschen und auf dem Brett. Zunächst stopfe ich Schlafsack und Isomatte in einen wasserdichten Beutel. Dann packe ich meine Schlafsachen in eine wasserdichte Tasche, rolle das Zelt ein, lege alles in meine wasserdichte 120-Liter-Tasche und schnüre sie mit einem Gürtel zu. Leider hält der Reißverschluss nicht mehr dicht und öffnet sich unter Belastung. Ich lege mein Brett mit der Finne zuerst ins Wasser, hieve die Tasche aufs Heck, binde sie fest. Klemme meinen Handrucksack unter die vorderen Spannriemen und lege dann rückwärts ab.

Heute beträgt die Strömung 15 km/h oder mehr, was es nicht einfach macht, den Bug nach vorne zu drehen. Als mein Brett in der Strommitte

Friedliches Erwachen: Morgenstimmung am Fluss in Wagenhausen.

angekommen ist, drehe ich mich noch einmal um und bedanke mich bei dem Platz. Er war perfekt. Und ich wurde nicht verscheucht.

In den ersten Tagen hatte ich immer wieder den Gedanken, diese Reise abzubrechen. Seltsame Zweifel plagten mich. Auch Ängste. Schaffe ich diese Tour. Wie gefährlich wird der Fluss in seinem späteren Verlauf. Jemand hatte mir gesagt, dass noch zweimal Stellen mit Stromschnellen kommen würden. Vielleicht hatte ich auch ein Trauma davongetragen, als mich der Fluss in den Stromschnellen hinter Chur so fürchterlich durchgewaschen hat.

Doch dann erinnerte ich mich, wie hart die ersten Tage auf fast all meinen Reisen waren. Auf der Donau verschwand der Fluss nach zwanzig Kilometern plötzlich, und ich musste zwölf Kilometer an Land überbrücken, mein gesamtes Gepäck auf einem Ziehwagen durch die Straßen Immendingens schleppen, um Stunden später wieder genügend Wasser unter der Finne zu haben und meine Reise auf dem Wasser fortsetzen zu können. Dazu war das Wetter miserabel, meine Isomatte hatte ein Loch, und ich war stark erkältet. Hätte ich nicht zwei Freunde dabeigehabt, die mich überzeugten weiterzumachen, hätte ich aufgegeben. Und dann wurde es das größte Fluss-Abenteuer meines Lebens.

Auf der Biskaya hatte ich am ersten Tag so heftigen Gegenwind, dass es unmöglich schien, diese Reise je zu beenden. Noch dazu waren die Wellen mörderisch. Ich hatte gerade mal acht Kilometer am ersten Tag zurückgelegt und in einer Bucht Zuflucht gesucht. Ich erinnere mich gut, wie ich bei Regen und Sturm in meinem Zelt lag und mich und meine Abenteuerlust verfluchte. Aber spätestens ab dem dritten Tag wendete sich meine innere Haltung, und das Abenteuer begann. Es wurde mein größtes Meeres-Abenteuer auf dem SUP.

Zweimal habe ich Abenteuer allerdings nach dem ersten Tag abbrechen müssen. Einmal auf dem Jakobsweg, als ich trotz eines kaputten Knöchels eine Reise von 850 Kilometern zu Fuß antreten wollte. Nach ein paar hundert Metern war klar, dass diese Idee idiotisch war.

Das zweite Mal war noch idiotischer. Ich wollte gemeinsam mit einem Inder, den ich im Internet kennengelernt hatte, Sri Lanka umrunden. Er im Kajak, ich auf dem SUP. Der Kerl war ein Organisationsgenie: Er hat meteorologisch genau herausgefunden, wann wo welche Winde wehen, hat sogar das sri-lankische Verteidigungsministerium dazu gekriegt, uns drei Schnellboote zu Verfügung zu stellen, damit wir aus Seenot gerettet werden könnten, und dem Präsidenten eine offizielle Erlaubnis abgeschwatzt, dass wir die Insel umrunden dürften. Dazu hatte er eine Pressekonferenz im größten und teuersten Hotel der Insel organisiert – mit Dutzenden von TV-Kameras, Radio-Mikros und Zeitungsjournalisten. Nur eines hatte er vergessen: dass er noch nie auf dem Meer war. Er ist zwar Teile des Ganges heruntergepaddelt, aber das Meer war ihm fremd. Er kam ja aus Neu-Delhi – da ist das Meer 2000 Kilometer entfernt.

Am Tag des Starts stieg mein indischer Freund in sein Kanu, fuhr parallel zu den Wellen auf den Indischen Ozean hinaus und kenterte bereits nach zwanzig Metern, als ihm die erste Welle ins Boot stieg. Er trug eine Schwimmweste und lag wie ein Krebs im Wasser. Als ich ihn fragte, warum er nicht aufstehe, sah er, dass es hier gerade mal einen Meter tief war und stand erstaunt auf. Ich fragte ihn, ob er schwimmen könne, was er verneinte. Und da war mir klar, dass ich diese Reise mit diesem Menschen nicht antreten würde. Alleine war mir die Tour zu gefährlich – also verbrachte ich einen herrlichen Urlaub auf Sri Lanka und lache heute über diese Geschichte.

> **VIEL ZU SCHNELL FLIESST DER FLUSS, ZU VIEL SCHÖNHEIT VERPASSE ICH.**

Viel zu schnell fließt der Fluss, zu viel Schönheit verpasse ich. Keine Landschaft könnte hübscher sein als die geschwungenen Ufer des Rheins. Wieso ist diese Region bei Paddlern nicht viel bekannter?

Heute ist so ein Tag, an dem ich wieder weiß, warum ich auf dem Wasser stehe: Es gibt nur wenige Dinge, die mich mit einer größeren Freude erfüllen als das SUP. Sobald ich auf dem Brett stehe, das Paddel ins Wasser steche und vorwärtsgleite, überkommt mich ein Glücksgefühl. Vor allem auf Flüssen hat diese Art der Fortbewegung etwas Natürliches, fast Graziles, das mit nichts zu vergleichen ist.

In Büsingen mache ich halt, um etwas zu essen zu kaufen. Ich frage den Besitzer des Dorfladens, ob ich hier eigentlich in Deutschland oder in der Schweiz bin. »Sowohl als auch«, ist seine überraschende Antwort. »Geografisch gehören wir zu Deutschland, wirtschaftlich aber zur Schweiz. Wir sind Baden-Württemberger, aber vollkommen von Schweizer Staatsgebiet umgeben. Die einzige deutsche Gemeinde in einer Exklave«, erzählt der Besitzer stolz. Hier werde in Franken bezahlt und in Euro Steuern gezahlt. Er dürfe auch nicht in Deutschland für seinen Laden einkaufen, sonst müsse er Einfuhrsteuer abgeben.

Auf der anderen Straßenseite, gegenüber vom Laden, steht eine Tafel, in der die verworrene Geschichte Büsingens erzählt wird. Österreicher, Schweizer, verschiedene Landgrafen und Kurfürsten stritten sich jahrhundertelang um dieses kleine Dorf und seine sieben Quadratkilometer. Für mich steht dieses Kaff als Synonym für uns Menschen: Seit Jahrtausenden leidet ein Großteil der Bevölkerung, weil ein paar alte weiße Männer unter Größenwahn, Narzissmus und Machtfantasien leiden. Kriege, Kolonialismus, Kapitalismus und Kommunismus mit all ihren Auswüchsen basieren auf dem Patriarchat. Hunderte von Millionen von Opfern. Bis heute. Und immer noch passiert so wenig. Wir hätten alle Informationen zur Hand, um dem Irrsinn ein logisches Ende zu bereiten. Aber wir lernen nicht aus der Geschichte, und die Politik versagt.

Schneller als erwartet erscheint ein Schild: Lebensgefahr. Ich nähere mich den Rheinfällen. Doch schon drei Kilometer vorher ist Paddeln verboten. Ich schnalle mein Brett mit allem Gepäck auf einen kleinen Ziehwagen, wandere los und komme am ersten Wasserkraftwerk des Rheins vorbei. Was erlauben wir Menschen uns, diesen Strom zu bremsen, zu regulieren, seine Kraft in Energie zu verwandeln und die Natur ab dieser Stelle völlig zu verändern? Von hier an kommen keine Fische mehr den Rhein hoch, das Geröll und damit Millionen von Lebewesen können nicht weiter den Fluss herabfließen. Wenn der Rhein vorher ein Tiger war, so ist er jetzt eine Katze.

HOCHRHEIN

Nach etwa der Hälfte der Strecke sitzt ein Kanufahrer am Wegesrand und versucht verzweifelt, seinen selbst gezimmerten Ziehwagen zu reparieren.

Als er mich sieht, springt er voller Hoffnung auf und sagt, dass er mich seit Tagen versuche einzuholen. Er habe mich bereits in Konstanz vorbeipaddeln sehen, als er schon sein Camp aufgebaut hätte – *et toi voilà!*, hier bist du!, ruft er glücklich auf Französisch. Gérôme ist Mitte 30, stammt aus der französischen Schweiz und ist schier verzweifelt, weil dieser verfluchte Ziehwagen immer wieder auseinanderfällt. Wie soll er bloß die lange Strecke bis hinter den Rheinfall ohne Ziehwagen meistern? Während wir versuchen, sein schweres Kajak irgendwie mit dem Ziehwagen zu verbinden, erzählt Gérôme, dass er südlich von Chur eingestiegen ist, um den gesamten Alpenrhein zu paddeln. Allerdings in einem Kajak und ohne Gepäck. Trotzdem hat er mehrere Stellen umtragen – unter anderem die, bei der ich so fürchterlich durchgewaschen wurde.

Gérômes Ziehwagen hat seine beste Zeit hinter sich. Zwei Bretter haben sich gelöst und können das Kajak nicht vernünftig halten. Wir versuchen eine halbe Stunde lang, das Ding irgendwie zum Rollen zu bringen, geben aber schließlich auf. Mehr als zehn Meter am Stück hält der Wagen nicht. Es bleibt nur eine Lösung: Wir müssen sein Kajak auf mein Brett hieven und versuchen, irgendwie hinter den Rheinfall zu kommen. Natürlich ist meine Konstruktion dafür überhaupt nicht ausgelegt – aber gemeinsam schaffen wir es, die letzten zwei Kilometer bergauf und bergab bis an den Rheinfall.

Als ich dieses Naturwunder von einer Eisenbahnbrücke aus zum ersten Mal sehe, möchte ich vor Demut fast auf die Knie fallen. Wer bei diesem Anblick nicht an eine höhere Macht glaubt, ist selbst schuld. Ein launiger Schöpfer hat hier entschieden, die Macht des Wassers als Kunstwerk zu installieren. Schon immer rauschen Wassermassen an diesem Ort vorbei nach unten und bearbeiten zwei Felsen, die aus unerklärlichen Gründen nicht umstürzen. Donnernde Massen prallen auf unbeugsame Massen, bilden Regenbögen, die wie Walzen über dem Tumult wanken und in die Schlucht streben, in der Touristenboote durch die Gischt dümpeln. Auf einem der Felsen stehen sogar Menschen und lauschen dem Getöse aus wenigen Metern Entfernung. Könnte der Fluss

WAGENHAUSEN – RHEINSFELDEN

sprechen – was würde er den Menschen flüstern? Oder würde er ihnen was husten?

Diese brodelnde Höllenmaschine übt seltsamerweise eine frappierende Anziehungskraft auf mich aus. Fast bedaure ich, ein so zerbrechliches Menschlein zu sein und nicht reinspringen zu können, um mit dem Brausen und Donnern und Strudeln zu spielen. Wie gerne wäre ich Teil dieses Wasserdonners, dieser Göttlichkeit, könnte eintauchen, wirbeln, durchdrehen; zwischen den Felsen mit dem kochenden Wasser spritzen, in diesem Hexenkessel Wolken ausstoßen. Die Massen zischen an mir vorbei, grüngraublau, spucken mit entsetzlicher Macht in den Abgrund, wo sie sich plötzlich in einem See auflösen, der ein bisschen aufgewirbelt daliegt, als wäre nicht viel gewesen. Schade, dass ich diesen Teil des Flusses auslassen muss – ausgerechnet diesen! Den stärksten, den mächtigsten. Ich würde seine ganze Macht gerne spüren und weiß natürlich, dass mein letztes Stündlein geschlagen hätte, wenn ich mich mit meinem Brett in dieses Tohuwabohu wagen würde. Aber es soll sogar Schwim-

Der Rheinfall von Schaffhausen: ein Kunstwerk der Natur.

mer geben, die den Rheinfall überlebt haben. Und da ich mich für einen Glückspilz halte, ist die Versuchung für eine Millisekunde groß und verschwindet dann schnell wie die Regenbögen, wenn die Sonne von Wolken verdeckt wird.

Der Rheinfall wurde in eine Gelddruckmaschine aus Touribooten, Pommes und Eis umfunktioniert. Gérôme und ich erliegen der Versuchung und holen uns ebenfalls ein Eis. Während wir in der Schlange stehen und der Wasserfall hinter uns donnert, erzählt ein Rentner, dass hier immer wieder heimlich Kajakfahrer runterpaddeln würden – und bisher hätte jeder überlebt. Ich übersetze Gérôme das Gehörte, und er zieht bewundernd die Augenbrauen hoch. Nächstes Jahr, sagt er und starrt in die Wassermassen. Ist da ein Funkeln in seinen Augen? Oder ist das die Gischt, die sich spiegelt?

Beim Schreiben später schaue ich auf YouTube nach, ob es vielleicht Filme über Kajakfahrer gibt, die diesen Höllenschlund überwunden haben. Und tatsächlich finde ich mehrere Filme von waghalsigen Paddlern, die den Rheinfall gepaddelt sind und überlebt haben. Die, die es nicht geschafft haben, können ihre Filme aber auch nicht mehr ins Internet stellen.

Hinter einer Biegung setzen wir unsere Boote wieder ins Wasser und lassen uns von der Strömung mitreißen. Auch wenn der Fluss jetzt gezähmt ist und seine Ufer befestigt sind, haben wir Menschen ihn dennoch nicht zerstört. Vielleicht sind die Kraftwerke und Schleusen wie kleine Operationen am Gesamtorganismus des Rheins. Sie verändern ihn und erleichtern ihm vielleicht sogar das Fließen. Aber egal, was wir Menschen ihm antun, er bleibt der Fluss, der Rhein, der Mächtige. Selbst ein Mensch mit einem neuen Herzen bleibt der, der er vorher war. Natürlich verändert, aber trotzdem der gleiche Mensch.

Gérôme ist Kranführer, hat die typischen Hände von Menschen, die viel arbeiten, ist durchtrainiert und schlank. Einer von diesen Typen, die unverletzlich scheinen und eine innere Ruhe in sich tragen, die so schnell nicht ins Wanken gerät. Ihm ist es völlig egal, ob er Schweizer ist oder sonst irgendeiner Nation angehört. Alles, was er brauche, sei Freiheit. »Freiheit ist das Einzige, was zählt«, sagt Gérôme und kennt noch nicht mal Westernhagen.

RHEINSFELDEN – SCHWADERLOCH

»Dass du mir in dem Moment begegnet bist, in dem ich dich am dringendsten brauchte, ist ein absolutes Wunder, Mann!«, sagt er und schüttelt ungläubig den Kopf. »Das ist doch Fügung, oder nicht?« Ich lache und bestätige ihm, dass dies mehr als ein Zufall sei. Dass ich mir heute früh von ganzem Herzen einen Reisegefährten gewünscht habe, erzähle ich ihm nicht. Ich wage es auch hier kaum zu schreiben, denn zu groß ist die Gefahr, in die esoterische Ecke gesteckt zu werden. Aber es war nun mal so.

Abends sitzen wir beim Lagerfeuer zusammen, und da Gérôme gerne getrocknete Pflanzen raucht, kommen wir schnell ins Philosophieren. Am Ende bleibt immer die Frage: Warum existiert überhaupt irgendetwas und nicht nichts? Und spätestens jetzt müssen wir uns eingestehen, dass wir gläubig sind. Nicht nach religiösen Maßstäben, natürlich nicht, sondern viel unbestimmter und drängender. Die Erlebnisse sind so intensiv und das Hier und Jetzt auf Abenteuern so gewaltig, dass alles jenseits des gegenwärtigen Augenblicks verblasst.

RHEINSFELDEN – SCHWADERLOCH

Fast die Hälfte meines Erwachsenenlebens habe ich im Ausland verbracht und dabei sensible Antennen für unser Land entwickelt – für unsere Eigenarten und Ticks, für unsere Dialekte und die Landschaften, für Klischees und Überraschungen. Früher mochte ich Deutschland höchstens, wenn ich lange im Ausland war und in meine Heimat zurückkehrte. Die Spießigkeit, der fehlende Enthusiasmus, die Verschlossenheit und das Misstrauen trieben mich schnell wieder fort. Heute ist das anders. Reisen ist zu meinem Beruf geworden, und ich verbringe viel zu wenig Zeit in deutscher Gemütlichkeit, vermisse unsere Gründlichkeit und sehne mich nach unserer – zumindest in Norddeutschland – schnörkellosen Art.

HOCHRHEIN

Der Grenzverlauf an dieser Stelle des Rheins ist nur für Einheimische nachvollziehbar. Ich jedenfalls weiß nie, ob ich gerade in der Schweiz bin oder doch in Deutschland. Dem Handynetz nach zu urteilen, wäre ich immer in der Schweiz. Nach dieser Reise muss ich eine Rechnung von 460 Euro bezahlen, weil ich die Daten der Schweiz ungebremst genutzt habe, selbst wenn ich mich auf deutschem Boden oder Gewässer bewegte.

Was für eine irre Idee, Länder zu gründen, Grenzen zu ziehen. Aber wir sind so daran gewöhnt, dass wir den Irrsinn nicht mehr bemerken. Es ist für uns völlig normal, dass es Länder gibt. Dabei sind das alles bloß Erfindungen von uns Menschen, an die wir so fest glauben, dass wir jedem, der sagt, es gäbe in Wahrheit keine Länder, für verrückt halten.

Unsere Spezies hat die großartige Gabe, Geschichten zu erfinden und zu erzählen und vor allem: an sie zu glauben. Wir haben es sogar geschafft, diese Geschichten in juristischen Paragrafen festzuhalten: Nationen, Währungen, Firmen – gibt es alles nur, weil wir uns darauf geeinigt haben, dass es sie gibt. Dass dieser Fluss die Grenze zwischen zwei Ländern ist, kann ich in natura natürlich nicht erkennen – egal, wie lange ich auf den Fluss starre und nach dieser Grenze suche.

> **DASS LINKS DIE SCHWEIZ UND RECHTS DEUTSCHLAND SEIN SOLLEN, IST TEIL UNSERER KOLLEKTIVEN VORSTELLUNGSWELT, EIN FANTASIEPRODUKT. MEHR NICHT.**

Diese reale Vorstellungswelt erschütterte mich am heftigsten beim Besuch des KZ Mauthausen an der Donau, als ich eine Krähe beobachtete, die unbeeindruckt über das Massenvernichtungslager flog. Wir Menschen haben Länder, Religionen und Rassen erfunden und glauben so fest an deren Existenz, dass wir zutiefst unmenschlich handeln, um unserem Glauben zu folgen, während Vögel von jeher die größte Freiheit genießen – solange sie nicht von uns Menschen in Käfige oder Ställe gesperrt werden. Wie muss es für eingesperrte Menschen sein, hinter Gittern Vögel in der Luft zu beobachten? Ich würde verrückt werden.

RHEINSFELDEN – SCHWADERLOCH

Auch heute glauben wir, dass es richtig ist, Menschen einzusperren, wenn sie gegen unsere Gesetze verstoßen. Seit Jahrhunderten ist uns nichts Besseres eingefallen als diese archaische Strafe. Irgendwo soll es einen Stamm geben, der Mitglieder, die gegen die Gemeinschaft handeln, in seine Mitte holt, um sie zu loben. Der gesamte Clan setzt sich um den Übeltäter herum, und jeder sagt der Reihe nach, was er am Schuldigen mögen würde und wo dieser schon Gutes für die Gemeinschaft geleistet habe. Dann geht die Person im Kreis herum und umarmt jedes Mitglied der Gemeinschaft. Strafe mal anders.

Pünktlich um elf trifft wie verabredet ein Kamerateam von RegioTV ein. Der Sender berichtet hauptsächlich über die Bodenseeregion und möchte die Geschichte eines paddelnden Nordlichts in der schönsten Region Deutschlands natürlich nicht verpassen.

Der Redakteur ist Mitte zwanzig, und ich muss automatisch an meine Anfänge beim Fernsehen denken: wie aufregend die ersten Jahre waren – als ich Gorbatschow interviewte, Helmut Kohl, Lothar Matthäus. Meine Reportage-Reisen nach Island, in die USA oder die Türkei. Doch irgendwann hatte ich das System satt, denn es ging ausschließlich um die Quote. Täglich wurde eine neue Sau durchs Dorf getrieben: Waldbrände, Hochwasser, Asylbewerber, Wahlen und so weiter. Kurze aufgebauschte Blitzlichter über Krisenregionen und -themen. Symptom-Berichterstattung. Und ich fragte mich: Was sind die Ursachen der Waldbrände, für die Asylproblematik, für schlechte Politik? Dem nachzuspüren wäre nachhaltiger Journalismus gewesen. Aber dafür stand bei SAT.1 nur wenig Sendezeit zur Verfügung, und ich sah mich nie in der Lage, investigativen Journalismus zu betreiben.

Später, bei den Öffentlich-Rechtlichen, fand ich mich in einem System wieder, das zwar weniger auf die Quote schielte, dafür aber in einer institutionellen Anstalt operierte, die so innovativ war wie das Bett des Rheins: Alles ist ständig in Bewegung, aber es bewegt sich doch nichts. Dass ich immer noch beim ZDF arbeite, ist allein dem guten Verdienst und meiner

Bequemlichkeit geschuldet. Als freier Mitarbeiter habe ich alle Freiheiten und darf so viel – oder in meinem Fall, so wenig wie möglich arbeiten.

Der Kollege von RegioTV stellt die üblichen Fragen: warum und wofür, was waren die größten Probleme, was war aufregend und was kommt als nächstes? Ich antworte routiniert, erzähle vom Alpenrhein, von der herrlichen Natur und meinem Ziel Rotterdam. Manchmal kann ich mich selbst nicht mehr hören, denn ich erzähle immer das Gleiche auf dieselbe Art und Weise. Was anfangs authentisch war, ist jetzt eine studierte Wiederholung geworden und damit längst nicht mehr authentisch. Ich komme mir künstlich vor und weiß doch nicht, wie ich es anders machen könnte oder sollte.

Gérôme schaut sich die TV-Produktion lächelnd an und fragt nicht nach. Er will gar nicht wissen, warum ich interviewt werde und was der Zirkus soll. Er ist mit der Bodenständigkeit und schlichten Weisheit des einfachen Mannes ausgestattet. Er braucht kein Rampenlicht, keine Öffentlichkeit, und ich wünschte, meinem Ego wäre das ganz Theater ebenfalls egal.

Nach zwei Stunden steht am Ufer ein Schild: *Vorsicht Wildwasser! Lebensgefahr! Hier aussteigen!* Gérôme meint, dass das schon nicht so wild sein werde, und paddelt weiter. Ich folge ihm mit mulmigem Gefühl im Magen und erinnere mich dunkel daran, dass mich Menschen vor den Koblenzer Lauffen gewarnt haben. Gerade bei Hochwasser seien hier schon verheerende Unglücke passiert. Meine Logik sagt mir, dass höchstwahrscheinlich keine große Gefahr besteht, denn das Wasser ist eher flach und das Gefälle bei Weitem nicht so stark wie am Alpenrhein. Woher sollte das Wasser also wild sein?

VORSICHT WILDWASSER! LEBENSGEFAHR!

Von Weitem sehen wir das Weißwasser und machen noch mal auf einer Sandbank halt, um etwas zu essen und zu trinken. Die schrecklichen Erfahrungen von vor einer Woche steigen wieder hoch, und ich überlege, doch noch irgendwie die Stromschnellen zu umgehen. Doch dann kommt ein älterer Mann an unseren kleinen Strand, um baden zu gehen. Ich frage, ob er wisse, wie gefährlich die

Stromschnellen seien, und er winkt sofort ab – kein Problem bei dem Wasserstand.

Wir paddeln los, Gérôme mit seinem Wildwasserkajak vorneweg. Je näher wir den Stromschnellen kommen, desto deutlicher zeigt sich, dass dieses Wasser nichts mit dem in den Alpen zu tun hat. Ich gleite sanft über ein paar Buckel, kann den größten Strudeln gut ausweichen und komme ein paar Minuten später sicher in einem breiten, ruhigen Bassin an und atme tief durch.

DER BLICK ZURÜCK ZEIGT, DASS ES SICH UM EINE LIEBLICHE STROM-SCHNELLE HANDELT, ÜBER DIE ICH MICH VOR MEINER ALPENRHEIN-ERFAHRUNG SOGAR GEFREUT HÄTTE.

Kurz danach schießt die Aare in den Rhein – mit fast 300 Kilometern der längste Fluss der Schweiz, der im Schatten des Vaters an Bedeutung verliert. Ab jetzt ist unsere Wasserstraße fast doppelt so breit und fließt mit einer Geschwindigkeit, die unerfahrenen Paddlern Angst machen würde.

Als wir an eine Brücke gelangen, prangt an der rechten Seite die deutsche Flagge und an der linken die schweizerische. Gérôme und ich vereinbaren, dass wir im nächsten Dorf anhalten wollen. Wenn es auf Schweizer Seite liegt, bezahlt er das Abendessen, auf deutscher Seite bin ich dran.

Das Essen entspricht Biergartenstandards. *Gute deutsche Kost*, steht auf der Karte. Viel frittierter, weich gekochter Mist unter Fertigsoße. Gérômes Schweinesteak ist trocken und fad, mein Zander besteht aus fünf einzelnen frittierten Stücken aus Fisch oder Fischersatz – das lässt sich beim besten Willen nicht sagen. Immerhin sind die Pommes knusprig. Gérôme meint, dass er nicht verstehe, wie ein Volk wie die Deutschen allgemein so schlecht essen könne. Auch der Unterschied zwischen der deutschen und der französischen Schweiz sei immens. Er lobte allerdings den Preis – mit 55 Euro inklusive Getränke wäre ich hervorragend weggekommen. Ihn hätte der Abend in der Schweiz das Doppelte gekostet.

HOCHRHEIN

Die Natur kümmert sich nicht um Grenzen. Die Abendsonne taucht das Grenzland zwischen Deutschland und der Schweiz ins gleiche milde Licht.

RHEINSFELDEN – SCHWADERLOCH

An einem Strand auf einer Landspitze, an der zwei Rheinarme zusammenlaufen, schlagen wir unser Camp auf. Gegenüber eine Schnellstraße, hinter uns ein Kraftwerk. Stereorauschen die ganze Nacht hindurch.

NUR DER FLUSS STRÖMT STILL VOR SICH HIN, LÄSST DIE STERNE AUF SEINER OBERFLÄCHE TANZEN, UND ICH FRAGE MICH, WANN ICH ENDLICH ZUM FLUSS WERDE.

Bis dahin muss ich mir selbst noch ein paar Fragen beantworten: Was ist eigentlich meine Triebfeder, immer wieder über die Grenze hinauszugehen, das Äußerste auszuloten, Schmerzen, Hunger oder Einsamkeit zu ertragen? Warum muss ich immer wieder das Vertraute und Erreichte hinter mir lassen? Was machen diese Erfahrungen mit mir? Und warum muss ich sie ständig wiederholen? Was fasziniert mich auf dem langen Weg, hinter den Horizont zu schauen? Auf mich warten Wochen *auf* dem berühmtesten Vater der Welt. Die Antworten werden kommen.

Jede Sekunde zwingt mich in die Gegenwart. Meine Gedanken schweifen selten ab. Ich bin immer präsent und nie entspannt. Das ist der große Unterschied zur Komfortzone, in der sich jeder auskennt, in der man keinen Eventualitäten begegnet. Der Gegensatz zu einer Welt, in der alles geregelt und durchgeplant ist.

Das Problem ist nur, dass wir unser westliches Leben auf räuberische Weise ausgebaut haben. Wir fahren riesige Autos, leben in übertreuerten Angeberwohnungen, besitzen Kühlschränke so groß wie Kleiderschränke und kaufen mehr Klamotten im Jahr als Menschen vor hundert Jahren in ihrem ganzen Leben. Wir verschicken täglich mehr Nachrichten als unsere Ahnen in drei Generationen. Wir leben freiwillig in einem riesigen Menschenzoo, weil es uns in der freien Wildbahn zu gefährlich geworden ist. Und wenn jemand mal den Zoo verlässt, bekommt er von seiner Familie Mails voller Sorge, von seinem Arbeitsumfeld ein Kopfschütteln und von den meisten Menschen die Ferndiagnose *verrückt*. Wir sind schon so lange Käfiginsassen, dass unsere Spezies völlig vergessen hat, dass sich das wahre Leben außerhalb des Käfigs abspielt.

HOCHRHEIN

SCHWADERLOCH – RHEINFELDEN

Wir passieren ein Stauwerk nach dem anderen. Es ist jedes Mal eine Tortur, mein Brett und Gérômes Kajak überzusetzen. Manchmal stellen die Betreiber elektrische Wagen oder Lifte zur Verfügung, die allerdings so langsam laufen, dass wir zu Fuß doppelt so schnell sind.

Als wir das Kernkraftwerk Beznau passieren, stinkt es nach verbrannten Kabeln, als hätte es einen Kurzschluss gegeben. Es fühlt sich nie gut an, neben einem AKW zu paddeln, erst recht nicht, wenn es zu den dienstältesten der Welt gehört. Seltsam, dass kein Dampf aus dem gewaltigen Kühlturm steigt. Ob es stillgelegt ist?

Wie viel Strahlung liegt in der Luft, was hat das Werk mit der direkten Umgebung gemacht, und wie viele Augen haben die Fische unter mir? In der Schweiz sind nur noch zwei AKWs am Netz, in Deutschland sechs und in Frankreich 18. Deutschland möchte ganz aus der Atomkraft aussteigen – mit der Folge, dass wir Strom bei unseren französischen Nachbarn kaufen müssen, die den Bau von mehreren Dutzend kleineren AKWs planen. Wieso ist es nicht möglich, einheitliche Politik in der EU zu machen?

Manchmal stelle ich mir die Menschheit als ein abstraktes Lebewesen vor und vergleiche die Existenz unserer Spezies mit dem Leben eines einzelnen Menschen. Demnach müsste die Menschheit vier oder fünf Jahre alt sein, denn wir fangen gerade erst an, uns zu erinnern – in Büchern, in Filmen und vor allem im Internet. Natürlich benehmen wir uns altersgemäß wie die Berserker, sind egoman und rücksichtslos, probieren alles aus, was Spaß macht, und übernehmen für nichts Verantwortung. Leider steht Mutter Erde auf antiautoritäre Erziehung. Doch das ändert sich gerade, und es braut sich ein ziemliches Donnerwetter zusammen. Vielleicht haben wir aber auch gerade eine Kinderkrankheit hinter uns und leiden jetzt an den Folgen einer Hirnhautentzündung. Je nachdem, wie schlimm sich das Ganze entwickelt, wäre es wünschenswert, wenn wir das fünfte Lebensjahr nicht überstehen. Zum Schutz vor dem Rest der Welt.

Wie gut würde es diesem Planeten tun, wenn wir plötzlich tot umfielen. Die Tierwelt, gegen die wir seit Jahrhunderten Krieg führen, würde es Mutter Erde danken und ganz schnell zurück in ihre bedingungslose Natürlichkeit finden.

SCHWADERLOCH – RHEINFELDEN

Gérôme erzählt, dass die Schweiz nachts billige Atomenergie aus Frankreich kaufe, um damit Wasser hochzupumpen, das sie tagsüber wieder ablaufen lässt und somit angeblich grüne, aber teurere Energie an die Bevölkerung verkaufen kann.

»Dieser Wahnsinn muss irgendwann mal ein Ende finden«, sagt Gérôme. »Wir leben in einer Welt, in der Profit die schändlichsten Methoden erlaubt. Profitgier muss geächtet werden. Erst dann retten wir diesen Planeten.« Oder wir sterben endlich aus, denke ich. Was allerdings auch schade wäre um die großartige Spezies Mensch. Vielleicht gibt es irgendwo auf einem anderen Planeten einen Nachbarsjungen, der sich vernünftig benimmt, seine Existenz würdigt und seiner Mutter, dem Planeten, huldigt. Vielleicht gibt es dort auch einen Fluss, den er *Vater* nennt, und an dessen Ufern er in tiefer Dankbarkeit sitzt und das Wunder des Lebens in all seinen Facetten erkennt.

Gérôme wohnt in einem Wohnwagen auf dem Grundstück von Freunden, die ein altes Haus renoviert haben und dort als Kommune leben. Und das in Montreux am Genfer See nur einen Kilometer vom Ufer ent-

Frühmorgens zu paddeln, wenn der Nebel sich lichtet, ist die beste Zeit.

fernt. »Kannst dir ja vorstellen, was die Leute von uns halten«, sagt er. »Wer an unserem See keinen SUV fährt, gilt schon als asozial. Und meine Kommune und ich in meinem Wohnwagen passen da so wenig rein wie Anstand in die Schweizer Bankenwelt.«

Es ist immer wieder ein seltsames Phänomen, wie schnell Reisende zusammenwachsen. Gérôme und ich sind seit drei Tagen gemeinsam unterwegs, und ich habe das Gefühl, ihn seit Jahren zu kennen. Wir vertrauen uns so, wie es sonst nur alte Freunde tun würden. Er erzählt mir von seiner Kindheit, dem schwierigen Verhältnis zu seinem Vater und von der Trauer um seine Mutter, die vor ein paar Jahren gestorben ist. Auch von seinen Verletzungen erzählt er. Von seiner Verflossenen. Von seinem Kinderwunsch. Aber er sei ja erst 35, tröste ich ihn. Erst?, fragt er. Wie seltsam, dass wir Menschen uns immer alt vorkommen, selbst wenn wir noch jung sind. Wir altern schneller, als unsere Psyche wahrnehmen kann. Wäre es nicht viel besser, wir wüssten nicht um unser Alter?

> WER AN UNSEREM SEE KEINEN SUV FÄHRT, GILT SCHON ALS ASOZIAL.

In Rheinfelden verabschieden wir uns. Gérôme muss zurück in seine Kommune und einem Freund beim Ausbau seines Bauwagens helfen. Eine Freundin holt ihn ab, sie sieht aus, wie Frauen in Hippie-Kommunen unserer Zeit wahrscheinlich aussehen sollten: Boots, schwerer Rock, Flower-Power-Top. Dazu ein offenes Gesicht, das gar nicht erwarten kann, dieses Leben in all seiner Fülle mitzunehmen.

Wir laden Gérômes Kajak aufs Dach, gehen noch eine Kleinigkeit essen, und dann muss er los. Wir umarmen uns lange und schwören, uns wiederzusehen. Aber ich weiß von so vielen Freundschaften auf meinen langen Reisen, dass diese Vertrautheit spätestens am Ende der Tour schwindet, und wir uns im nächsten Jahr wie Fremde begegnen werden, wenn wir uns überhaupt wiedersehen.

Als das Auto hinter einer Biegung verschwindet und die Sonne gerade unter den Horizont versinkt, setze ich mich ans Ufer des kleinen Hafens von Rheinfelden, bete, dass mein Brett über Nacht nicht geklaut werden möge, und habe ein mulmiges Gefühl im Magen. Schaffe ich diese Tour

SCHWADERLOCH – RHEINFELDEN

alleine? Kann ich mein Brett und das schwere Gepäck an den vielen Kraftwerken ohne fremde Hilfe herumtragen? Außerdem muss ich dringend eine Lösung für meine wasserdichte Tasche finden, denn der Reißverschluss ist mittlerweile ganz kaputt. Noch dazu löst sich die Halterung am Bug meines Bretts, an dem ich es auf dem Ziehwagen ziehe. Bei den anstehenden Schleusen muss diese Halterung fest sitzen, sonst ist diese Tour nicht zu schaffen. Für morgen ist Regen angekündigt – mit offener Tasche der Super-GAU.

Von außen betrachtet, mögen diese Probleme wie Lappalien erscheinen. Doch auf so einer Tour bin ich vollkommen vom Equipment abhängig. Jedes defekte Teil kann mich schnell in eine prekäre Lage bringen. In der Natur fehlt die zivilisierte Infrastruktur. Auf dem Rhein gibt es keinen ADAC, am Ufer keine vier Wände und hinter der nächsten Biegung nicht unbedingt ein Restaurant oder einen Supermarkt. Ich bin stets auf mich allein gestellt und muss mich aus jeder Situation selbst befreien. Deshalb muss das gesamte Equipment, vom Gaskocher, über Isomatte und Schlafsack bis hin zu Brett und Paddel intakt sein. Meine Sachen dürfen auf keinen Fall nass werden, das Feuerzeug gefüllt und das Brett luftdicht sein. Ansonsten ist so eine Tour, auf der ich sowieso schon häufig am Limit bin, nicht zu meistern.

Nicht weit vom Hafen entfernt liegt ein Luxushotel. Ich habe das dringende Bedürfnis, mir mal wieder etwas zu gönnen – wofür habe ich schließlich Sponsorengelder erhalten?

Doch das Hotel ist gar kein Hotel mehr, sondern eine Patientenunterkunft für das überlastete Krankenhaus am Ort. Zurzeit tobt Corona schlimmer als je zuvor. Täglich sterben Dutzende von Menschen in der Schweiz. Seltsamerweise scheint das Virus an der deutschen Grenze haltzumachen, denn bei uns sind die Zahlen den ganzen Sommer über im Keller. Doch das wird sich mit Sicherheit wieder ändern.

Gegenüber liegt eine kleine Herberge in einem uralten Haus. Als ich die Türe öffne, stehe ich in einem Betontrichter. Das alte Gemäuer muss irgendwann entkernt worden sein, um von einem durchgeknallten Architekten mit Wänden aus Sichtbeton ausgerüstet zu werden. Die Wirtin zeigt mir ein Zimmer: ein Betonbunker mit Fenster in den Innenhof – ebenfalls Sichtbeton.

Ich bin viel zu müde, um nach einer Alternative zu suchen oder weiterzupaddeln und mein Zelt aufzubauen, zahle 93 Franken, schleppe mein Gepäck nach oben, lege mich auf das Kingsize-Bett und schreibe diese Zeilen.

RHEINFELDEN – BAD BELLINGEN

Beim Einkaufen in der Fußgängerzone Rheinfeldens komme ich bei einem Schuster vorbei und frage ihn, ob er zufälligerweise Sekundenkleber hätte. Der Mann kommt irgendwo aus dem Ostblock, spricht Schwyzerdütsch mit slawischem Akzent und fragt, wofür ich das Zeug denn bräuchte. Ich erkläre ihm mein Problem. »Da habe ich etwas ganz Besonderes für Sie«, sagt er und drückt mir eine kleine Flasche in die Hand. »Ganz wenig reicht schon.« Ich bedanke mich herzlich, laufe zu meinem Brett, das über Nacht im kleinen Hafen von Rheinfelden nicht gestohlen wurde, klebe den losen Haltegriff wieder fest und weiß, dass ich jetzt jede Schleuse dieser Welt umtragen kann – vor allem, weil ich Gérômes Kanu nicht mehr mitschleppen muss.

Ich bringe den Kleber zurück zum Schuster und frage, ob er auch den Reißverschluss meiner kaputten Tasche reparieren könnte. Aber hier scheitert er. Nicht schlimm, denke ich, denn über Nacht hatte ich die Idee, meine alubeschichtete Decke um die Tasche zu wickeln. Das müsste zumindest den Regen abhalten. Nur kentern darf ich nicht mehr.

Heute fühle ich mich ausgelaugt. Eine unbewusste Angst nagt an meinem Selbstbewusstsein. Der Fluss macht mir Angst. Sind das irgendwelche Vorahnungen oder schlicht mentale Erschöpfung? Wie lange geht das noch gut mit mir? Wie lange halte ich diese Belastungen noch aus? Mein Körper spielt hervorragend mit. Aber mein mentales Gleichgewicht ist angeknackst. Ich schicke im Geiste Hilferufe an Freunde heraus. Stelle mir vor, mich einfach in den Zug zu setzen, zurück nach Hause zu fahren und mit dem Wohnmobil zurückzukommen, um über den Rhein zu berichten. Ich male mir aus, dass mein Brett geklaut wird und ich wieder nach Hause darf. Während ich mich wegträume, wandere ich mit meinem Ziehwagen um eine Schleuse nach der nächsten. Dieser Fluss ist nicht für Paddler ausgelegt – nie finde ich den schnellsten und einfachsten Weg um die Schleusen herum und zurück ans Wasser. Selbst mit Google Maps habe ich keine Chance, problemlos von A nach B zu gelangen. Die Behörden haben keine Hinweisschilder für uns Paddler aufgestellt, denn wir sind Störfaktoren auf dieser Wasserautobahn.

Heute kommen kaum Momente der Freude und des Glücks auf. Seit ich wieder alleine unterwegs bin, verhalte ich mich doppelt vorsichtig, mache mir die wüstesten Gedanken und Sorgen. Einen Rhythmus finde ich auch nicht, da ich nie länger als ein, zwei Stunden am Stück paddeln kann, bevor die nächste Schleuse auf mich wartet.

> EINE UNBEWUSSTE ANGST NAGT AN MEINEM SELBSTBEWUSSTSEIN.

Vielleicht sieht es von außen so aus, als würde ich hier Ferien machen. Aber so fühlt es sich keinesfalls an. Zu zweit wäre das etwas völlig anderes. Aber alleine, immer nur auf mich gestellt, jede Entscheidung selbst treffen müssen, keine Absprachen und kein Austausch – es zehrt an mir und meinem sozialen Wesen. Ich muss mich jetzt wieder daran gewöhnen, alleine unterwegs zu sein.

Bis Basel passiere ich so viele Schleusen, dass ich sie im Nachhinein gar nicht zählen kann. Sie führten mich von einem Industriestandort zum nächsten. Die großen Firmen logieren hier: Ciba (früher Ciba-Geigy), Degussa, Dynamit Nobel. In den 1980ern gab es hier mehrere Chemiekatastrophen. Einmal flossen so viel Chemie und Löschwasser in den Fluss, dass er noch in Holland mit einer deutlichen Rotfärbung ankam. Wie viel Chemie wird hier weiterhin in den Fluss geleitet? Diese Schweine, diese Verbrecher stellen ihre Profitgier über die Gesundheit der Menschen – bis heute. Wann merken sie selbst, dass sie verbrecherisch handeln? Wie können wir dieses System ändern? Die Industrie kennt keine Skrupel, und nur selten fliegt sie auf. Siehe Volkswagen.

IN ALLEN INDUSTRIELLEN BRANCHEN WIRD AUF KOSTEN UNSERES PLANETEN UND DAMIT AUF UNSERE KOSTEN GEARBEITET.

Wir müssen dem ein Ende setzen! Was denken wir uns bloß? Nein – nicht wir. Die! Die, die die Erde zerstören. Die, die den Regenwald abholzen. Die, die Massentierhaltung betreiben. Die, die in fast jedes Lebensmittel Zucker mischen. Wir sind nur die Verbraucher, die andauernd verarscht und verführt werden.

Die Industrie sagt, wir, die Verbraucher müssten den Markt regulieren. Aber das funktioniert nicht. Es fehlt an menschlichem Bewusstsein, um kein Billigfleisch zu kaufen. Auch mir passiert das in schwachen, gierigen Momenten. Also muss die Politik dafür sorgen, dass die Industrie diesen Dreck nicht mehr herstellen darf. Ich bin zu schwach, um nicht auf die Verlockungen hereinzufallen. Und so geht es Millionen. Man muss uns vor uns selbst schützen.

Aber wir bekommen ja jetzt eine neue Regierung – zumindest eine neue Führung. Meine Hoffnung ist, dass es mehr Miteinander und weniger Gegeneinander geben wird. Aber ich bin und bleibe ein naiver Optimist.

Vor ein paar Jahren ist der Extremschwimmer und Wissenschaftler Andreas Fath in nur 25 Tagen durch den gesamten Rhein geschwommen und hat während seiner großartigen Aktion Wasserproben genommen. Überall – selbst im Alpenrhein, schwimmt Mikroplastik im Rhein. Der habilitierte Chemiker hat Antibiotika, alle möglichen Hormone, Schmerzmittel,

Röntgenkontrastmittel, Betablocker, Süßstoffe, hochgiftige Chemie und Schwermetalle überall im Rhein nachweisen können. In unseren Körpern bewegen sich bis zu 800 nichtkörpereigene Substanzen. Die Politik versagt wie so häufig und verbietet der Industrie nicht, beispielsweise Mikroplastik in Kosmetika oder Zahnpasta zu verwenden, Nanopartikel in Salz, Antibiotika in der Tierhaltung oder giftige Chemie in der Wasseraufbereitung. Faths Forderung nach effektivem Gewässerschutz ist mittlerweile verpufft. An sein hervorragendes Buch *Rheines Wasser* erinnert sich kaum noch jemand. Die Medien haben dieses dringende Thema ausgeklammert und kümmern sich lieber um sinnlose Corona-Statistiken.

Am Knie von Basel, zwischen Schweiz, Frankreich und Deutschland, ändert der Fluss seinen Lauf und fließt nicht mehr von Ost nach West, sondern stracks nach Norden. In Basel will ich nicht haltmachen. Ein bisschen aus Sozialphobie und ein bisschen, weil ich mich nicht wie ein Tourist fühlen möchte. Ich will versuchen, die Geschichten jenseits der großen Ströme zu sammeln, um diesen Fluss und alles, was zu ihm gehört, besser kennenzulernen. Natürlich weiß ich, dass Basel die Kulturhauptstadt dieser Region ist. Aber ich bin auf dem Rhein unterwegs, nicht auf Kulturreise. Lasse Museen, Konzerthäuser, Architektur und Kunst links liegen und bleibe auf meinem wackligen Brett stehen und staune.

DIE BEWOHNER BASELS HABEN ES SICH ZUM HOBBY GEMACHT, DEN RHEIN MIT DER STRÖMUNG HERUNTERZUSCHWIMMEN.

An diesem herrlichen Spätsommersonntag treiben Dutzende von meist älteren Menschen im Fluss, unterhalten sich wie auf einem Kaffeekränzchen und winken mir freundlich zu. Vor ihnen schwimmt ein wasserdichter Sack, in dem sie ihre Kleidung mitführen, um die Strecke anschließend wieder zurücklaufen zu können.

Mich wundert, dass die strenge Schweiz diesem Treiben keinen Strich durch die Rechnung macht, denn das Schwimmen im Rhein soll nicht ganz ungefährlich sein, wie ich immer wieder lese und höre. Doch hier beweisen die Menschen das Gegenteil. Der Fluss fließt sicherlich mit mehr als 5 km/h, bildet Wirbel und Strömungen, und doch scheint hier niemand in Gefahr zu geraten.

Ich liebe Städte an Flüssen. Sie haben immer etwas Weltoffenes. Gibt es überhaupt Weltstädte, die nicht an Flüssen liegen?

Ich setze mich auf mein Brett und lasse mich ebenfalls treiben. Vor zehn Tagen bin ich hier mit dem Zug durchgefahren und habe das Gefühl, dass seitdem Monate ins Land gestrichen sind.

> ICH LIEBE STÄDTE AN FLÜSSEN. SIE HABEN IMMER ETWAS WELTOFFENES.

Ab Basel saß ich alleine im Großraumabteil, fuhr zum ersten Mal seit vielen Monaten ins Ausland und stellte fest, dass die Welt noch nie so weit weg war wie zurzeit. Die Coronakrise macht lange Reisen schwierig und scheinbar gefährlicher als früher. Ich möchte nicht zehn Stunden in einem Flugzeug mit 300 Personen sitzen und in irgendeinem Land ankommen, wo meine Chancen, Covid zu überleben, nicht so gut stehen.

Und so geht es den meisten Menschen in meinem Umfeld – also reisen wir in unserem Land herum oder in eines der neun Nachbarländer. Plötzlich ist die große Welt so klein geworden. Reisen geht nur in den Wellentälern der Pandemie. Während der Pandemie wurde aus dem Planeten ein Kontinent und aus dem Kontinent ein kleines Land. Unser Land. Viele meiner Freunde machen zum ersten Mal in ihrem Erwachsenenleben Urlaub in Deutschland. Geht das überhaupt? Macht das Sinn? Spielt das Wetter mit?, fragten wir uns alle. Wahrscheinlich muss man viel Glück haben, um einen schönen Urlaub bei uns zu Hause zu erleben.

Und jetzt habe ich ihn. Diesen Urlaub – sofern man eine SUP-Reise so nennen kann. Seit zehn Tagen herrliches Wetter, eine Natur, die so schön ist, dass ich nie wieder auf andere Kontinente fliegen müsste, und ein Fluss, auf dem ich mittlerweile zu Hause bin. Mehr kann ich von einer Reise nicht erwarten.

Die ersten Ausflugsdampfer und Passagierschiffe überholen mich. Seit Basel ist der Fluss schiffbar. Die Menschen winken mir lebhaft zu und

RHEINFELDEN – BAD BELLINGEN

Kurz vor Basel. Die Erschöpfung des Tages ist mir anzumerken.

scheinen ganz aufgeregt, so ein kleines Männlein auf so einem wackligen Ding mitten auf so einem großen Fluss zu entdecken. Einige rufen mir etwas zu, aber ich kann sie wegen des Wellenschlags nicht verstehen.

Die Schiffe sind allesamt schneeweiß und tragen Namen wie *Rheinmelodie*, *Bellevue* oder *Wappen von Köln*. Zugegeben: Ich beneide die Menschen an Bord ein bisschen um ihren Luxus. Fünfmal am Tag essen, riesige, flauschige Betten mit Rheinblick, die täglich frisch bezogen werden, wohl dosierte Ausflüge, abends Tanz und Beisammensein. Wie wäre es, dort an Bord zu sein? Teilweise bestimmt herrlich. Ich würde stundenlang auf dem Bett liegen und in die Welt schauen. Könnte köstlichen

Kaffee trinken und würde mir vielleicht auch mal eine gute Zigarre zum Sonnenuntergang gönnen.

ICH WEISS, DASS ICH MICH NACH SPÄTESTENS 24 STUNDEN WIEDER AUF MEIN BRETT SEHNEN WÜRDE. DIE UNMITTELBARKEIT WÜRDE MIR FEHLEN, DAS LEBEN AUF DEM FLUSS.

Als die Natur wieder etwas schöner wird, entdecke ich am rechten, dem deutschen Ufer einen kleinen Sporthafen und ein Restaurant. An einer Spundwand steht ein riesiges Schild: *Anlegen im Hafenbereich verboten.* Wenn nicht im Hafen, wo soll man denn dann anlegen?, frage ich mich.

Das Restaurant ist auf Touristen ausgelegt: Es gibt Schnitzel, Spätzle, Braten und Bratkartoffeln. Dazu jede Menge Biersorten. Immer das gleiche Zeug in deutschen Gaststätten, und alle mögen es – wenn sie nicht gerade aus Frankreich oder der französischen Schweiz kommen.

Ich bestelle einen Salat und ein Alkoholfreies. Ein Radfahrer in voller Montur setzt sich zu mir, Rentner, Schweizer, top in Form und Biertrinker. Er sei schon von Malaga zurück in die Schweiz gefahren, quer durch Korsika und schon mehrmals rund um den Bodensee. Der Mann gehört zu der nicht seltenen Sorte, die ungefragt von ihren Meriten erzählen und Bewunderung einheimsen möchte. Als dies von meiner Seite ausbleibt, fängt er an, über die Welt zu schimpfen: zu viele Verbote, indirekte Impfpflicht – »und man muss auch sagen, dass die Deutschen da ihren Teil zu beitragen. Wenn es um Verbote geht, seid ihr vorne mit dabei.« Ich atme tief durch. Irgendwie tut es immer weh, so etwas zu hören. Und gleichzeitig hat der Typ wahrscheinlich recht. »Ihr seid die Amerikaner Europas«, sagt er. »Aldi, Lidl, dm, Rossmann – in ganz Europa gibt es eure Riesenketten, und ihr macht die kleinen Läden auf dem gesamten Kontinent kaputt. Wirtschaftsinvasion nenne ich das.« Ich gebe ein betroffenes *Hmm* von mir. »Was die Amerikaner mit McDonalds, Facebook und Hollywood machen, das macht ihr mit euren riesigen Billigketten.« Aus dem protzenden Rentner ist binnen einer Minute ein verbitterter Antikapitalist geworden. Ich habe entgegen meiner sonstigen Art keine Lust, mit ihm zu diskutieren. Vielleicht bin ich einfach zu erschöpft, um mich mit einem alten weißen Mann zu balgen, und esse meinen Salat, der übrigens mit Majo und Speck angereichert ist, was ich beides ekelhaft finde. Aber meine lippische Sparsamkeit und persönliche Beschwerdephobie lassen mich das Zeug bis aufs letzte Blatt verspeisen.

Während der radelnde Rentner weiter vor sich hinschimpft, erinnere ich mich dunkel daran, dass ich doch auf dieser Tour mit Vorurteilen aufräumen wollte. Den Leuten zeigen, dass wir Deutsche gar nicht so sind, wie wir sind. Und jetzt? Jetzt sitze ich hier und will nur zurück auf mein Brett. Immerhin habe ich noch 800 Kilometer vor mir. Viel Strecke, vor allem in Frankreich und Holland, auf der ich dem deutschen Wesen und den Vorurteilen uns gegenüber in Ruhe und Gelassenheit begegnen kann.

Als die Wirtin abkassiert, frage ich sie nach dem weiteren Verlauf der Strecke. Sie rät mir, den Altrhein zu nehmen, weil da kein Schiffsverkehr herrsche und die Strömung besser sei. »Starke Strömung?«, frage ich ein bisschen bang – denn ein zweites Chur möchte ich nicht erleben. »Das geht schon«, sagt sie und zwinkert mir zu. Wie unangenehm.

Nach wenigen hundert Metern biege ich – natürlich hinter einer Schleuse – in den Altrhein ein. Die Strömung ist tatsächlich gut und nimmt in den Windungen und Engpässen richtig Fahrt auf. Die ersten beiden Stromschnellen lassen sich sogar im Stehen meistern. Ich bin beruhigt – bis ich am Horizont ein Gefälle entdecke. Langsam pirsche ich mich an die Stromschnelle heran und erkenne, dass ich sie nicht ohne Gefahr bewältigen werde. Ich springe also vom Brett – das Wasser ist keinen Meter tief, dafür aber 10 km/h schnell –, halte der Strömung stand und versuche, mein Brett Richtung Ufer zu ziehen. Dabei drückt die Strömung mein Brett immer weiter nach unten, und nur mit letzter Kraft kann ich verhindern, dass es sich auf den Kopf dreht. Dies wäre mit meinem kaputten Reißverschluss katastrophal gewesen.

Ganz langsam schiebe ich das Brett weiter Richtung Böschung, lasse es behutsam nach unten gleiten, klettere im Wasser über die Steine hinterher, bis es plötzlich so stark zieht, dass ich mich von hinten auf mein Brett werfen muss, um die erste Schnelle zu überwinden. Doch die nächste steht direkt vor mir. Ich versuche Halt zu finden, rutsche weg, das Brett ist schon wieder bedenklich schief. Ich halte mich irgendwie an einem Felsen fest, reiße mir dabei die Hand auf, kann das Brett trotzdem nicht halten, schmeiße mich wieder drauf, knalle auf einen Stein unter Wasser und höre es unter mir knirschen. Irgendwie rauschen das Brett und ich durch die Stromschnelle, ohne zu kentern, und gelangen in ruhiges Wasser. Am unruhigen Verhalten meines Bretts weiß ich sofort, dass ich die Finne verloren habe. Zum Glück habe ich Ersatz dabei.

Hinter der Stromschnelle liegen etliche FKK-Anhänger am Ufer. Ich paddle trotzdem an den Strand, sage, sie mögen sich bitte nicht stören lassen, und baue eine neue Finne unter mein Brett. Ein Nackter kommt auf mich zu und fragt, wo ich denn noch hin möchte mit dem Ding. »Rotterdam«, antworte ich mechanisch. Wahrscheinlich hat er meinen missglückten Stunt von vorhin gesehen und wird mir jetzt dringend davon abraten weiterzureisen. Aber er guckt nur – so wie ihn die Natur geschaffen hat. Sein schiefer Penis zeigt auf mein Brett. »Mit dem Ding?«, fragt er. Ich nicke. »Wissen Sie, ob es weiter unten noch mehr solcher Stromschnellen gibt?«, frage ich vorsichtig nach. »Nein«, antwortet er kurz angebunden, dreht mir seinen nackten Hintern zu und geht wieder weg.

> SEIT DER STROM-
> SCHNELLE PAD-
> DELT DIE ANGST
> WIEDER MIT.

Was für ein seltsamer Tag bisher. Oder ziehe ich vielleicht Menschen an, die meiner komischen Laune und diesem verqueren Gemütszustand entsprechen?

Seit der Stromschnelle paddelt die Angst wieder mit. Ich checke die gesamte Strecke auf Google Maps, kann aber keine weiteren Gefahrenstellen auf den nächsten Kilometern sehen. Vielleicht sollte ich beim nächsten Mal einfach um eine solche Stromschnelle herumgehen.

Ich paddle stundenlang einsam und allein auf diesem Fluss, der außer ein paar Fischreihern, verdorrten Gräsern und fauligen Bäumen wenig zu bieten hat. Immer wieder kommen ein paar Stromschnellen, doch sie liefern sogar ein kleines Vergnügen, wenn ich mit 20 km/h über die runden Steine presche.

RHEINFELDEN – BAD BELLINGEN

Leider habe ich bei meinem Stunt in der Stromschnelle beide Wasserflaschen verloren, sodass mich bald heftiger Durst plagt. Ich stehe seit Stunden in der prallen Sonne und spüre, dass mir die Kräfte schwinden. Irgendwo muss laut Internet eine Pizzeria kommen. Doch es ist auf Reisen immer weiter, als man denkt.

Als eine Panzerstraße in den Fluss führt, beschließe ich haltzumachen und in den nächsten Ort zu gehen. Dieser liegt allerdings hinter der A5, die schamlos vor sich hindonnert und alle natürlichen Geräusche übertönt. Ich muss fast zwei Kilometer laufen, bis ich endlich einen Supermarkt erreiche, mich mit dem Nötigsten eindecke und zurück zu meinem Brett gehe. Ich bin dankbar, dass es nach so vielen Reisen immer noch hält und vor allem bisher nicht geklaut wurde.

Da das Ufer recht uneben ist, lege ich mir ein Bett aus Sand an, baue mein Zelt darauf und schlafe wie immer unruhig mit nicht zu greifenden Träumen. Die A5 im Nacken und diesen öden Altrhein für die kommenden Tage vor mir, liege ich stundenlang wach und wünsche mich weit, weit weg.

Zum Glück hat mein Laptop noch ein bisschen Strom, sodass ich die Nacht mit Gedanken zuschreiben kann. Ich würde so gerne neutral über diese Reise berichten, wie ein Beobachter, der quasi jenseits meines Selbst steht. Meine persönliche Perspektive auf das Leben und auf die Welt kommen aus meiner individuellen Vergangenheit. Ich interpretiere jede Situation so, dass sie dem Verlauf meines Lebens Sinn gibt.

Jeder von uns geht mit seiner eigenen Prägung durchs Leben. Und diese Prägung wird sich nicht ändern. Ein Introvertierter wird nicht plötzlich extrovertiert, ein Gründlicher nicht schlampig, ein Warmherziger nicht lieblos. Natürlich entwickeln wir uns weiter – aber die Prägung bleibt. Sie ist im Elternhaus entstanden, im Umfeld, in der Schule. Den

Rest machen die Gene. Selbst wenn wir mit unserer Familie gebrochen und unser Land verlassen haben, wirken die Spuren unserer Prägung bis tief ins Erwachsenenleben fort.

Dennoch versuche ich, diese Reise, und vor allem meinen Blick auf unser Land, möglichst neutral zu halten. Wäre es nicht viel schöner, unser Land zu lieben und zu loben? Keine Chance! Ich will es von der Wasserseite aus versuchen, um es besser kennenzulernen. Und ein bisschen mehr zu mögen.

Als Kind hatte ich häufig Heimweh. In der fünften Klasse waren wir auf Fahrt in den Harz, und ich musste die ganze Zeit vor Heimweh heulen. Meinen Mitschülern und den Lehrerinnen sagte ich, ich hätte Bauchweh, und sie trösteten mich. Das half ein wenig im Nachhinein.

Heute frage ich mich: Warum hatte ich denn Heimweh. Wonach genau war mir weh? Nach meinen Eltern? Nach unserem Haus? Ist Heimweh nicht einfach nur ein Phantomschmerz? Manchmal, wenn es mir gelingt, emotional zurück in die Vergangenheit zu tauchen, kommen wehmütige Gefühle hoch. Sie sind entweder mit Legospielen verbunden oder mit Briefmarkensortieren. Vielleicht, weil ich mich bei diesen Beschäftigungen vollkommen verlieren konnte und ein absolutes Gefühl des Zuhauseseins spürte.

Und wenn ich heute an vergangene Abenteuer denke, kommt ein ähnliches Gefühl hoch. Manchmal verliere ich mich beim Reisen – genau wie früher bei Lego oder Briefmarken, und bin ganz bei mir. Beim Stand-up-Paddeln kann es passieren, dass alle Vergangenheit und alle Zukunft verschwinden, und ich ganz im Hier und Jetzt und damit mir selbst am nächsten bin.

Vielleicht ziehe ich deshalb immer wieder los, um für ein paar winzige Augenblicke dieses Gefühl der Zeitlosigkeit zu erleben. Zu Hause kann mich dieses Gefühl überkommen, wenn ich beispielsweise schreibe oder Sport treibe. Dann verschwindet auch alles um mich herum. Aber es ist längst nicht mehr so stark wie damals beim Legospielen oder Briefmarkensortieren.

Heimweh habe ich als Erwachsener trotzdem nie wieder verspürt. Wie auch, wo ich mich fast als heimatlos betrachte und dieses Gefühl unbedingt kultivieren möchte?

RHEINFELDEN – BAD BELLINGEN

Basel: rechts die Mittlere Brücke, bis 1879 der einzige Rheinübergang der Stadt. Links: Blick aufs Münster, das Wahrzeichen Basels.

Oberrhein

VON BAD BELLINGEN
BIS TRECHTINGSHAUSEN

Auf einer unbewohnten Insel im Rhein erhebt sich bei Bingen der Mäuseturm. Seinen Namen verdankt der knapp 25 m hohe Wehrturm einer mittelalterlichen Sage.

Oberrhein

*»Der Mensch muss raus, muss weg,
er soll von der Welt wissen und lernen.«*
Andreas Altmann

BAD BELLINGEN – BURKHEIM

Als Erstes schicke ich meiner Nichte, die im dreißig Kilometer entfernten Freiburg wohnt, eine Nachricht mit der Bitte, ob sie mich nach Iffezheim fahren könnte. Doch sie schläft vermutlich noch und antwortet nicht. In Iffezheim befindet sich nämlich die letzte Schleuse des Rheins, und ich fühle mich nicht in der Lage, noch so einen Tag wie gestern zu erleben. Ich halte es rein psychisch nicht mehr aus, Angst vor Stromschnellen zu haben und nicht zu wissen, wie und wo ich um diese verfluchten Schleusen herumkomme. Ich fühle mich mental weiterhin angeschlagen. Vielleicht habe ich mir zu viel aufgehalst.

Ein Angler geht an meinem Zelt vorbei, und ich frage ihn, ob er sich 100 Euro verdienen möchte. Ich bräuchte eine Fahrt nach Iffezheim – 120 Kilometer. Er schaut mich befremdet an und meint, dass er heute seinen freien Tag hätte und lieber angeln wollen würde. Dann hält ein Jeep mit Kanuanhänger auf der Panzerstraße neben meinem Zelt. Ein Mann in meinem Alter steigt aus und winkt mir freundlich zu. Ich gehe zu ihm und frage, ob er sich auf dem Fluss auskennen würde. Tut er – er ist nämlich Kanulehrer. Es gäbe nur noch eine gefährliche Stelle in ungefähr zwanzig Kilometern, sagt er. Aber die könne ich locker umgehen. Und mit den Schleusen sei es gar nicht mehr so schlimm. »Noch acht Stück bis Iffezheim. Vielleicht neun.«

Ich atme tief durch und danke ihm. Der Mann schaut mich durchdringend an. »Bist du okay?«, fragt er. Entweder ich sehe extrem mitgenommen aus, oder der Typ ist unfassbar sensibel. »Bin ganz schön kaputt«, gestehe ich und erzähle von meinen Erfahrungen auf dem Alpenrhein, den vielen Schleusen und meinem Erlebnis gestern. »Ah, die Isteiner Schwelle«, sagt er. Da seien schon eine ganze Menge Leute gescheitert, weil niemand ein solches Gefälle in diesen Breiten erwarte. »Ist dein Brett okay?« »Doch, doch«, sage ich. »Der Finnenkasten ist angebrochen. Aber sonst ist alles gut.« Er bittet mich, eine Sekunde zu warten, geht zu seinem Wagen und holt eine Finne heraus. »Hier«, sagt er und drückt mir die Finne in die Hand. »Eine Wildwasserfinne. Die ist wabbeliger und zerbricht dir im Fall der Fälle nicht so schnell. Und für deinen Finnenkasten ist das Ding auch besser.« Er haut mir auf die Schulter, sagt »Du schaffst das! Locker!«, und fährt davon.

Ich packe wie in Trance meine Sachen und stehe plötzlich wieder auf dem Fluss.

ICH BIN UNENDLICH DANKBAR, GENAU ZUR RICHTIGEN ZEIT DEM RICHTIGEN MENSCHEN BEGEGNET ZU SEIN.

Dieser Kanulehrer schaffte es mit ein paar Worten, mich zu beruhigen und mir wieder mehr Zuversicht zu geben. Alleine sein Geschenk, die Finne, gab mir ein gutes Gefühl. Der Mann hat mich gerettet. Vielleicht hat er auch die Tour gerettet. So wie ich vor ein paar Tagen Gérôme gerettet habe. Wir sind alle Retter und Gerettete. Auf solchen Touren gibt es keine Hierarchien, kein Gut und Böse, kein besser oder schlechter. Es gibt nur den Moment und diese seltsamen, fast übernatürlichen Zufälle, oder besser: Fügungen. Und ich weiß noch nicht einmal seinen Namen.

Sobald mich die Strömung erfasst und sich der Paddelrhythmus einstellt, kommt die Zuversicht zurück. Ich habe gestern alle Hindernisse gemeistert. Ich werde sie heute auch wieder meistern. Erst recht mit einer Flussfinne.

Nach zwei Stunden sehe ich von Weitem zwei Kanufahrer, die viel Gepäck dabei zu haben scheinen. Hat der eine sogar einen Ziehwagen mit an Bord? Es sieht aus der Ferne so aus. Doch ich schaffe es nicht, sie einzuholen.

Schon wieder könnte ein Wunsch in Erfüllung gehen, denn gestern hatte ich mir von ganzem Herzen Begleitung gewünscht. Gerne zwei, drei Menschen, die auch eine Wasserwanderung unternehmen und denen ich mich anschließen könnte. Doch später verliere ich sie wieder aus den Augen. Kajakfahrer sind einfach zu schnell für mein SUP. Aber ich bin ausdauernder als die meisten Paddler und werde sie sicherlich später einholen.

Heute bin ich extrem achtsam unterwegs und sehe auf meinem Handy, dass ich kurz vor der gefährlichen Stelle bin, von der der Kanulehrer gesprochen hat. Ich lande wie geplant rechts an und trage mein Brett um die Stromschnellen herum über glitschige Steine und scharfkantige Felsen – ungefährlich ist das auch nicht mit all dem Gepäck. Vermutlich hätte ich die Stelle ohne Probleme paddeln können – aber ich schaffe es im Moment nicht, Risiken einzugehen. Dabei ist das Risiko, an Land auszurutschen und sich zu verletzen, vermutlich höher, als im Wasser zu kentern. Ich habe schon lange die Theorie, dass ängstlichen Menschen mehr zustößt, weil sie aufgrund ihrer Ängste nicht ihren natürlichen Instinkten folgen, sondern völlig verkopft von einer Problemsituation in die nächste stolpern und gar nicht wissen, dass sie so nie den Flow erreichen.

Endlich hole ich die beiden Kajakfahrer ein. Es sind zwei Kerle Mitte dreißig in aufblasbaren Kajaks. Der eine mit guter Technik und sportlichem Stil, der andere mit einem unbrauchbaren Kajak und Paddelschlägen, die sagen: Ich krieg die Arme nicht mehr hoch.

BAD BELLINGEN – BURKHEIM

Anton und Christian kommen beide aus Wuppertal, sprechen herrliches Ruhrpott-Deutsch, kennen sich schon ewig und machen ihre erste Kajaktour zusammen. Seit fünf Tagen sind sie unterwegs, Anton wie ein Paddelprofi, Christian wie ein Anfänger. Schon bald kann Christian nicht mehr, und Anton hängt ihn mit einem Seil ein. Beide reden gern und viel, halten von klassischen Kommunikationsregeln wenig – aussprechen lassen, zuhören, aggressionsfreie Sprache ist nicht ihre Stärke. Christian beschreibt beide so: Anton ist der Arm, er selbst sei der Kopf. Im Augenwinkel sehe ich, wie Anton verbittert die Mundwinkel verzieht. Ich ahne bereits, dass sich die beiden erheblich auf die Nerven gehen und bestimmt froh sind, wenn diese Tour bald endet. Ich scheine eine ersehnte Abwechslung zu sein, denn beide buhlen um meine Gunst und reden unaufhörlich auf mich ein.

Kurz vor ihrem Ziel in Breisach, ganz in der Nähe von Freiburg, wollen wir eine Schleuse nehmen, um aus dem Altrhein zurück in den Hauptstrom zu gelangen. Es ist die erste Schleuse, die auch kleinere Wasserfahrzeuge wie Kanus oder SUPs mitnimmt. Anton (der Arm) paddelt vor, und

Hier sind sich Deutschland und Frankreich ganz nah: Staustufe bei Breisach (li.) und zwei Schleusen des Rheinseitenkanals, bereits auf französischer Seite.

Christian (der Kopf) entdeckt eine Leine, an der man ziehen muss, damit sich die Automatikschleuse öffnet. Das Tor geht auf, wir paddeln hinein, und Christian – ganz Kopf, zieht eine weitere Leine. Allerdings die rote und nicht die weiße, was bedeutet, dass er einen Notstopp verursacht und die Schleuse gesperrt ist.

Oben auf der Kaimauer steht ein Mann, der weder Deutsch noch Französisch spricht. Er gestikuliert wild herum und will uns scheinbar zu verstehen geben, dass er nicht für die Schleuse zuständig ist. Trotzdem zieht er ein altes Plastiktelefon von der Wand und telefoniert. Währenddessen klettert Christian – der doch mehr Körper als Kopf zu sein scheint, die Leiter hoch, nimmt den Hörer in die Hand und erfährt, dass die zuständige Person zum Entsperren der Schleuse jetzt aus Iffezheim losfahren müsse und in anderthalb bis zwei Stunden vor Ort sein könnte. »Dann tragen wir doch lieber um«, sagt Christian und klettert die Leiter wieder herab.

> ... MAN KANN HALT NICHT IN DIE MENSCHEN HINEINSCHAUEN.

Kaum sitzt er in seinem Boot, fängt Anton an zu schimpfen, wie bescheuert Christian doch sei. »Da sind zwei Strippen, und du Arsch ziehst an der roten? Spasty!« Meint der das ernst, frage ich mich, als Christian antwortet. »Wer war denn so behindert und hat vorne nicht die Kette zum Öffnen der Schleuse gefunden?« Und dann schreien sich beide an, als wäre gerade etwas unfassbar Schreckliches passiert. Während sie ihre Kajaks gegeneinanderfahren und mit ihren Paddeln aufs Wasser und gegen die Schleusenwand schlagen, eskaliert die Situation, und Anton sagt schließlich, dass er ohne Christian weiterpaddeln werde. »Kein Thema«, sagt der. »Dann verpiss dich!«, und paddelt durch das für Stunden blockierte offene Schleusentor davon.

Jetzt liegen Anton und ich alleine in der Schleuse – er überraschend ruhig, ich konsterniert. Die beiden machten doch vorher so einen sympathischen Eindruck. Aber man kann halt nicht in die Menschen hineinschauen.

Langsam paddeln auch wir aus der Schleuse heraus. Am nächsten Anlegen hebt Anton sein Kajak aus dem Wasser, ich mein Brett, anschlie-

BAD BELLINGEN – BURKHEIM

ßend hieven wir gemeinsam unter Gepäck an Land und umtragen die Schleuse. »Das lief schon die ganze Zeit so mit dem Typen. Immer macht er mich vor anderen schlecht. Ich, der Arm, er mit Köpfchen. Arschloch!« »Das hat er gar nicht so herablassend gemeint«, versuche ich einzulenken. Aber bei Anton ist jetzt der Deckel zu. Christian ist für ihn gestorben.

Als er sich ein wenig beruhigt hat, fragt Anton: »Sag mal, wo willst du eigentlich hinpaddeln?« »Rotterdam«, antworte ich. Er scheint zu überlegen. »Ich werde dich für ein paar Tage begleiten.«

ICH HATTE MIR EINEN GEFÄHRTEN GEWÜNSCHT, UND JETZT IST ER DA. MAN MUSS IMMER VORSICHTIG MIT SEINEN WÜNSCHEN SEIN.

Anton redet ohne Punkt und Komma. Meist über Dinge, die er *Scheiße* findet. Impfungen, Politik, deutsche Spießer. Das ganze System. Dazu Gewaltfantasien, wie er Leuten den Kopf eintreten könnte, wenn sie ihm nicht zuhören oder so tun, als wäre er *Psycho*. Die sollen ihn alle schön in Ruhe lassen, er mache alles genau richtig. Früher sei er Landschaftsgärtner gewesen, aber seit Corona beziehe er Arbeitslosengeld. Vor zwei Jahren habe er einen Unfall gehabt – betrunken, und sich den Fuß zerstört. Seitdem könne er sowieso nicht mehr richtig arbeiten.

Das Verwirrende an Anton ist, dass er meinem jüngsten Cousin extrem ähnelt – wie aus dem Gesicht geschnitten. Außerdem redet er genau wie mein Cousin tiefen Ruhrpottslang und bewegt sich noch dazu wie sein eineiiger Zwilling. Daher gelingt es mir nicht, Anton nicht zu mögen. Und das ist gut so, denn ich werde die nächsten Tage mit ihm verbringen – und dafür sollte ich dankbar sein, denn heute früh wollte ich die gesamte Strecke auslassen, irgendwie nach Iffezheim kommen und erst dahinter wieder weiterpaddeln. Jetzt habe ich die ersehnte Begleitung und werde mich nicht beschweren.

Der Rhein ist seit Kilometern ein vollständig gebändigter Fluss, der in einem künstlichen Bett fließt. Ein Ingenieur namens Tulla, der es sich zur Lebensaufgabe gemacht hat, den Rhein zu regulieren, hat diesen großen

Strom im 19. Jahrhundert begradigt, verformt, denaturiert. Dieser Tulla hat alles verändert: den Flusslauf, das Ufer, die gesamte Umgebung, die Tierwelt, die Pflanzenwelt, das Leben der Menschen am Rhein. Bis heute prägt dieser Mensch den Strom. Tulla war die staatliche Aufgabe zugekommen, das Hochwasser zu regulieren und die Sümpfe auszutrocknen – gegen die Malaria, an der er mit 58 Jahren starb.

Er ließ unter gegenwärtig nicht mehr vorstellbaren Bedingungen den Rhein, wie wir ihn heute an dieser Stelle kennen, ausheben – von Menschen mit Schaufeln. Zwischen Basel und Worms verläuft der Fluss seit Tulla 300 Kilometer geradeaus in einem 250 Meter breiten Bett. Alle Mäander abgeschnitten, Auenwälder vernichtet, wilde Natur zerstört, Sümpfe urbar gemacht. Dieser Tulla geht in die Geschichte ein als der größte Naturverbrecher auf deutschem Boden. Dieser Teil des Rheins muss bis Tulla einer der schönsten Abschnitte überhaupt gewesen sein. Er war wild, schlängelte sich in alle Richtungen durch Urwälder, an Sümpfen und Wiesen vorbei, hob Sandbanken aus, überflutete das Land, machte es fruchtbar. Und jetzt?

JETZT IST DIESER FLUSS IN EIN BETONBETT GEGOSSEN UND FÜHRT SCHNURSTRACKS NACH NORDEN WIE ÜBER RIESIGE TREPPENSTUFEN VON EINER SCHLEUSE ZUR NÄCHSTEN.

Als es schon fast dämmert, erreichen wir einen Hafen, der direkt vor der nächsten Schleuse liegt. Als wir einen Mann auf seinem Boot entdecken, frage ich, ob es hier eine Schlafmöglichkeit gebe. »Ich bin hier nicht der Vorstand«, sagt der Mann. Dann lacht er: »Also kann ich euch die Bitte auch nicht abschlagen.« Begeistert von sich selbst haut er sich auf die Oberschenkel, und Anton ruft »Danke«. »Macht eure Boote hier fest und schlaft in unserem Clubhaus da vorne. Menschen in Seenot darf man ja nicht abweisen.« Dann lacht er wieder viel zu laut und zeigt auf ein Haus auf dem Wasser, etwa so groß wie zwei Lkw-Anhänger, dessen Dach aus einer riesigen Plane besteht. Direkt daneben die Dusche, die wir natürlich benutzen dürften. »Und wenn ihr ein Bier braucht, sagt Bescheid. Ich

BAD BELLINGEN – BURKHEIM

bin hier.« Dann verschwindet er unter Deck und überlässt uns voller Vertrauen dem Hafen.

Anton baut im Clubhaus sein Zelt auf – man wisse ja nie, und ich breite Isomatte und Schlafsack direkt auf dem Holzboden aus. Ich würde Anton jetzt gerne erklären, dass ich über diese Reise ein Buch schreibe und abends mindestens zwei Stunden Zeit bräuchte, um in Ruhe den Tag zu Papier zu bringen. Doch ich komme bei ihm einfach nicht dazwischen, denn er redet und redet, als hätte er seit Jahren keine Menschenseele mehr gesehen. Irgendwann schreibe ich stur diese Zeilen und versuche mich auf das Manuskript zu konzentrieren, bis er endlich schweigt.

Doch konzentrieren kann ich mich auch jetzt nicht, denn er telefoniert mit seiner Mutter und schreit diese genauso an wie vorher seinen Paddlerfreund. »Natürlich bin ich enttäuscht.« »So ein Arschloch.« »Du kapierst doch selbst nichts.« »Halt die Fresse!« Dann legt er auf und brüllt seine Wut laut in die rheinische Nacht hinaus. Hoffentlich hat das nicht der Typ auf dem Boot von vorhin gehört. Ich bin entsetzt und habe ein bisschen Angst. Wann wendet sich seine Wut gegen mich? Und zu was ist dieser Typ fähig? Doch dann fragt er, als wäre nichts geschehen, ob er uns was Schönes kochen solle. »Nudeln mit Pesto, zum Beispiel?« Im Grunde seines Wesens hat er vermutlich ein gutes Herz, es ist nur von falschen Vorstellungen vom Leben, Überreaktionen und Fehlinterpretationen verschüttet. In mir bricht der Gutmensch durch, und ich nehme mir für die kommenden Tage vor, Anton auf den rechten Weg zu führen.

Anton kocht und hält endlich mal die Klappe, ich schreibe, mein Handy hat kein Netz, und ich fühle mich wie auf einer abgeschiedenen Insel auf einem Fluss weit weg von Deutschland. Ein bisschen wie Robinson »Kruse« mit einem völlig gestörten Freitag.

OBERRHEIN

BURKHEIM – LAHR

Heute Nacht kann ich wieder nicht schlafen, stehe auf, hänge mir meinen Schlafsack um und setze mich auf eine Bank. Ich habe geträumt, dass der Rhein ein Buch geschrieben hat und ich eine kleine Rolle darin spiele. Was wäre, wenn der Rhein seine Biografie schreiben würde? Und was wären das für Wesen, die dieses Buch lesen könnten?

Langsam geht der Mond unter, und die Welt des Rheins liegt in absoluter Ruhe und Perfektion. Nur auf Reisen weiß ich, wie der Mond steht, spüre die Unendlichkeit dieser Welt und weiß, dass ich Niemand bin und gleichzeitig das Einzige, was existiert. Alles andere findet außerhalb meines Selbst statt und ist die Interpretation der Sinneseindrücke in meinem Gehirn. So geht es allen Menschen, und diese Interpretationen führen zu den ewigen Konflikten. Es ist alles so banal.

> **NUR AUF REISEN WEISS ICH, WIE DER MOND STEHT ...**

Meine Erfahrungen auf Reisen sind deshalb so wichtig, weil ich hier an Orten ankomme, Orte er-fahre, die mir bisher fremd waren und somit mein Leben bereichern und meinen Horizont erweitern. Wenn ich zu stark an meinem Zuhause klebe, mich der angeblichen Sicherheit hingebe und mehr Zeit in vier Wänden als in der Natur verbringe, entsteht in mir eine nicht zu ertragende Unruhe, und ich muss wieder losziehen. Wirkliches, echtes, rohes Leben erfahre ich, wenn ich neue Standpunkte ausprobiere, neue Lebensentwürfe lebe, die Geheimnisse anderer Kulturen ergründe. Auch wenn ich mich manchmal selbst verfluche, mit Typen wie diesem Anton klarkommen zu müssen, und die Qualen und das Leid meiner Abenteuer kaum ertragen kann, ist der Wunsch, eine größtmögliche menschliche Erfahrung zu machen, nicht zu bändigen.

Viele Menschen fürchten diese Erfahrungen, weil sie Unsicherheit und sogar Leid mit sich bringen können. Und da wir alles Unangenehme in unserer überzuckerten Welt so weit wie möglich ausgeschlossen haben, können wir uns eine Welt ohne Zuckerguss gar nicht mehr vorstellen. Aber wie kann ich eine Distanz zu meinem eigenen Leben, zu meinen Ansichten und Haltungen, zu meinen Interpretationen des Lebens ent-

BURKHEIM – LAHR

»It's been a hard day's night«: Ich genieße die verdiente Abendruhe.

wickeln, wenn ich nicht reise? Wie will ich mich je weiterentwickeln, wenn ich immer nur das Gleiche erfahre – den Terror des Altbekannten? Deshalb überschreite ich immer wieder meine eigenen Grenzen, meinen kleinen Horizont, um zu erfahren, wer ich hinter meiner Prägung sein könnte. Wer wartet hinter dem Horizont?

Mir war ein heimeliges Zuhause schon immer unheimlich. Und Menschen, die sich im *Hyggeleben* eingerichtet haben und das Altbekannte nicht hinterfragen und stumpf akzeptieren, sind mir noch unheimlicher. Wer begriffen hat, dass wir nur dieses eine Leben haben, vergeudet seine Zeit nicht mehr hinterm Schreibtisch. Sie mögen mich rastlos nennen und erkennen nicht, dass ich sesshaft im Unterwegssein bin. Ich habe gelernt, mit beiden Gefühlen gleichzeitig zu leben: Heimweh und Fernweh. Beides spüre ich wie Phantomschmerz.

Meist habe ich das Gefühl, dass nicht ich mich bewege, sondern dass die Erde unter meinen Füßen vorbeitreibt und sich am Ende doch nichts am großen Ganzen ändert. Zu Hause kann ich mich auf Reisen vielleicht nur deshalb fühlen, weil es auch hier Wiederholungen gibt und sich irgendwann Rituale einstellen.

In meinem städtischen Leben bin ich zu weit von der Natur entfernt, als dass ich wüsste, was in der Natur gerade passiert und wie bedeutungslos der Einzelne ist. Erst hier draußen werden unsere weltlichen Probleme so lächerlich, so lösbar.

AM ENDE GILT DIE ABGEDROSCHENE SPIRITUELLE WEISHEIT, DASS MAN NUR BEI SICH SELBST ANKOMMEN KANN, UM ZU HAUSE ZU SEIN.

Wenn ich also in mir ruhe und eine Balance zwischen Wegwollen und Hierbleiben finde, bin ich zu Hause. Egal, wo. Diese Gedanken kommen mir leider so pathetisch vor, dass ich sie bisher nie veröffentlicht habe. Und doch steckt für mich so viel Wahrheit dahinter, dass ich sie hier zu Papier bringen möchte. Bringen muss.

Wie weit müsste ich reisen, um zu vergessen, wo ich herkomme?

Trotz allen Abenteuertriebs freue ich mich weiterhin über jede Nachricht von zu Hause. Wenn Menschen, die ich gar nicht kenne oder von denen ich es nie erwartet hätte, auf Social Media aufbauende und anfeuernde Nachrichten schreiben, oder Mails, *WhatsApp*-Nachrichten und SMS von Familie, Freundinnen und Freunden, Bekannten und Unbekannten auf meinem Handy erscheinen. Ich bin so weit weg, dass mich diese digitalen Fäden in die nichtnomadisierende Welt unterstützen.

Zitternd wache ich auf. Nebel schwappt über die Bucht, und die Feuchtigkeit ist bis in unsere Planbehausung gedrungen. Draußen muss die

BURKHEIM – LAHR

Sonne schon aufgegangen sein, versteckt sich aber hinter einer milchigen Schicht, die aussieht wie wässrige Watte. Selbst meine alubeschichtete Picknickdecke hat mich nicht vor der feuchten Kälte geschützt. Ich hätte doch mein Zelt aufstellen sollen, denn dort bleibt es trocken, und es bildet sich ein Mikroklima mit ein paar Grad extra. Aber auf die Idee, in einem Raum ein Zelt aufzubauen, bin ich nicht gekommen. Ich kann also auch von Anton lernen.

Heute wartet der vermutlich härteste Tag seit dem Alpenrhein auf mich: eine Schleuse nach der anderen, betonierte Wasserstraßen bis zum Horizont. Und Regen. Ich ziehe Mütze und Kapuze auf, der Regen trommelt auf meinen Kopf. Ich höre praktisch nichts, was um mich herum geschieht. Der Regen hätte sich keinen besseren Tag aussuchen können.

Anton paddelt in seinem roten aufblasbaren Kajak vorweg, ich hinterher. Er gehört zu den Männern, die immer vorangehen müssen. Mir kann das auch leicht passieren, aber mit dem Älterwerden schwindet das Anführer-Gen, und ich kann mich gut hinten einordnen.

Als der Regen aufhört, erzählt mir Anton aus seinem Leben. Bei ihm wurde schon in jungen Jahren ADHS diagnostiziert. Er kam in Behandlung, wurde mit Ritalin vollgepumpt, wechselte zigmal die Schule und kam schließlich auf ein Internat, wo er gemobbt und permanent fertig gemacht worden sei.

Was ist das für ein System, das Kinder mit überschüssiger Energie ruhig stellt, anstatt ihnen eine Möglichkeit zu bieten, diese Energie loszuwerden oder zu kanalisieren – denke ich noch und übe mich in Mitgefühl, bis Anton den Mund erneut aufmacht: »Wenn ich heute einem von diesen Typen begegnen würde, dann würde ich seine Fresse auf einen Kantstein drücken und volle Lotte hinten auf den Kopf springen, ey.«

Das Paddeln ist noch monotoner als in den Tagen zuvor. Die Kilometer ziehen sich, und die Kilometrierung am Rheinufer plätschert in Zeitlupe an uns vorbei. Die weißen Schilder zeigen alle 500 Meter abwechselnd ein Kreuz und die Zahl der Kilometer ab Konstanz an. Die 250 schleicht an uns vorbei. 1032 sind es am Ziel in Hoek van Holland. Zwei Wochen noch, wenn alles gut läuft und das Wetter mitspielt.

Nach Stunden erreichen wir endlich einen Kiosk und essen pappige Brötchen mit Frikadellen. Auf solchen Touren darf man nicht wählerisch sein. Vegetarismus und ähnliche Dekadenz sind etwas für satte erste Weltbürger – also für mich und mein Umfeld. Aber nicht hier. Nicht, wenn ich keine Biomärkte um die Ecke habe und keine Restaurants, in denen vernünftig produzierte Lebensmittel zubereitet werden. Hier geht es ums Sattwerden und darum, möglichst viel Energie zu mir zu nehmen, damit ich die nächsten 750 Kilometer auch noch überstehe.

Von hinter nähert sich eine dunkle Regenfront. Vielleicht schaffen wir es noch vor dem Regen bis zur nächsten Schleuse, um uns irgendwo unterzustellen. Wir geben Vollgas, Anton vorneweg. Gerade als es anfängt zu tropfen, ziehen wir die Bretter an Land und laufen unter eine schräge Ulme. Anton hat noch nicht einmal eine Regenjacke dabei. Es schüttet wie aus Eimern, und ich bin unendlich dankbar, unter diesen Bedingungen nicht alleine zu sein. Regen und Gegenwind rauben mir alle Moral. Es ist für mich dann immer schwer weiterzumachen, die Motivation für diesen unglaublichen Kraftakt zu entwickeln.

Am Nachmittag wollte ein Facebook-Freund zu uns stoßen. Doch sein Zug ist ausgefallen, und er hängt in Baden-Baden fest. Ich bedaure das, denn Duncan machte einen sympathischen Eindruck. Vielleicht hätte mir so ein Kerl gerade die nötige Zuversicht eintrichtern können.

SUP IST EIN MAJESTÄTISCHER SPORT. ES IST EINE TÄTIGKEIT, DIE FREIHEIT ZUM ZIEL HAT.

Plötzlich klingelt mein Telefon. Duncan sitzt in irgendeinem anderen Zug und kommt in einer guten Stunde an Rheinkilometer 260 an. Anton und ich warten am vereinbarten Brückenkopf, und dann sehen wir ihn am Horizont. Wieder wird mir klar, dass SUP ein majestätischer Sport ist. Es ist eine Tätigkeit, die Freiheit zum Ziel hat.

Dabei steht jemand auf dem Wasser und kommt mit langen, gleichmäßigen Bewegungen voran und vergisst im Idealfall selbstvergessen, wo er sich gerade befindet und wie lange er schon paddelt. Da Duncan einen eleganten, sportlichen Stil paddelt, sieht das Ganze auch noch besonders hübsch aus.

Wir begrüßen uns herzlich, und ich bin erleichtert, dass er genauso sympathisch wirkt wie auf Social Media. Da ich fast nichts über ihn weiß – er aber dank meiner Bücher fast alles über mich –, frage ich ihn neugierig aus. Er kommt ursprünglich aus Oxford, hat dort vor 30 Jahren seine deutsche Frau kennengelernt und ist irgendwann nach Heidelberg ausgewandert. Er hat mittlerweile einen deutschen Pass und trotzdem seine britische angenehme Zurückhaltung bewahrt.

Früher war Duncan Skateboard-Profi, hat sich jeden Knochen im Körper gebrochen und ist dankbar, dass er das Stand-up-Paddeln entdeckt hat. Duncan mag Deutschland – mit allem Drum und Dran. Er sagt, dass er mit seiner Gründlichkeit und seinem Pflichtbewusstsein manchmal sogar deutscher sei als die Deutschen. Und wenn ihn die ganze Ordnung hierzulande zu sehr nerve, gehe er in seinen Keller und lege auf. Im ersten Leben war er nämlich auch noch DJ und hat mehr Vinyl im Keller stehen als der Rhein Kilometer hat.

Wie vor fast jeder Schleuse liegt auf der westlichen deutschen Seite ein Hafen. Da es bereits dämmert und wir drei einen langen, anstrengenden Tag hinter uns haben, steuern wir die Hafenanfahrt an, sehen ein paar Menschen auf dem Gästesteg und fragen vorsichtig, ob wir dort anlegen dürften. Ich habe dabei immer ein schlechtes Gefühl, da wir keine Jacht sind und mit unseren Geräten nicht in Häfen gehören. Ein Mann steht auf dem Steg und sagt, dass wir herzlich willkommen seien. »Wollt ihr hier auch übernachten?«, fragt er. »Das wäre großartig«, sage ich dankbar, und wir machen am Steg fest.

Das Hafengebäude besteht aus einem ausrangierten Frachtschiff, eine sogenannte Péniche, die sicherlich hundert Jahre alt ist. Wir dürfen uns oben im Clubraum des Frachtschiffs ausbreiten und dort die Nacht verbringen. Der Mann, der hier der Hafenmeister, ist, erzählt, dass das

Schiff alle zehn Jahre in die Werft müsse, damit die Stahldicke des Rumpfs gemessen werden könne. Letztes Mal lag diese bei fünf Millimetern – lange ginge das nicht mehr gut. Jede TÜV-Prüfung koste 10 000 Euro. Aber dann hätte man wieder zehn Jahre Ruhe.

»Wir wollten hier ursprünglich ein Clubhaus bauen, aber das erlaubte die zuständige Behörde nicht. Also haben wir uns die Péniche geholt und aufgepäppelt. Und jetzt haben wir das schönste Clubhaus am ganzen Rhein«, erzählt der Mann und fragt, was wir essen wollten. Sie hätten hier sogar einen italienischen Koch fest angestellt. »Wie Gott in Frankreich – nur eben in Deutschland.«

Im Bauch des Schiffs arbeitet Luigi, ein androgynes Wesen mit gewaltigem Bauch und italienischem Akzent. Es gibt drei Gerichte: Salat mit Putenbruststreifen, Zander mit Pilzen oder *Spaghetti con le cozze*. Luigi weiß natürlich ganz genau, dass die meisten Deutschen von *cozze* eher abgeschreckt sind, und hat auch gar keine Muscheln in seiner Küche. Also bestellen wir Zander und freuen uns mit Luigi, dass er schon wieder Deutsche reingelegt hat, die keine Ahnung haben, dass *cozze* eine Delikatesse sein können.

LAHR – STRASSBURG

Wieder ein Tag voller Kanäle, Schleusen und ohne Strömung. Der Rhein ist zu einer begradigten Entwässerungsrinne verkommen. Zum Glück ist Duncan dabei, und wir können uns stundenlang unterhalten. Es ist herrlich, ihm zuzuhören, denn er spricht fehlerfreies Deutsch mit englischem *r*. Früher besaß er sogar eine eigene Skaterfirma, hat in Kalifornien gelebt und ist dann doch in Deutschland gelandet, weil er mit 24 die Frau seines Lebens kennengelernt hat – eine Deutsche. Seine Frau bis heute. Sie haben ein Reihenhaus in Heidelberg, zwei Kinder und führen ein Leben, das ihm selbst manchmal ein bisschen zu normal vorkommt. Aber es sei so schwierig, das warme Bett zu verlassen, gesteht er. Am liebsten würde Duncan seine Familie einpacken und mit ihnen um die Welt ziehen. Aber dann hat er doch wieder Angst vor der eigenen Courage und bleibt lieber im Reihenhaus wohnen.

> **ES IST VON UNSCHÄTZBAREM WERT, AUF SOLCHEN REISEN POSITIVE MENSCHEN UM SICH ZU HABEN.**

Auch die nervigste Schleuse nimmt Duncan mit englischem Humor. Als uns ein Schleusenwärter anbrüllt, wir sollten auf der gegenüberliegenden Seite anlegen, flüstert er mir zu: »Don't mention the war.« Der älteste englische Witz, wenn Deutsche zugegen sind.

Auf einer der Schleusen, im Niemandsland zwischen Deutschland und Frankreich, stehen wir plötzlich auf einem Asia-Markt. Hunderte von Thailänderinnen und Vietnamesinnen haben hier ihre Stände aufgebaut und verkaufen Gemüse, Pflanzen und Obst. Ich komme mir vor wie in Fernost. Die Frauen grillen Spieße mit Huhn, Rind und sogar Leber – es riecht wie in Bangkok.

Eine der Frauen spricht ein bisschen Deutsch, und ich frage sie, wie so ein Markt hier möglich sei. Sie ist wie viele Thais offen und zugewandt und erklärt mir das Spektakel: Das hier sei ein klassischer Schwarzmarkt. Alles würde unter der Hand laufen, und sie müssten keine Angst vor der Polizei haben, weil sich weder die Deutschen noch die Franzosen zuständig fühlen würden. Ein Paradies – »wie zu Hause«. Seit zwei Jahren sei sie jetzt schon nicht mehr in Thailand gewesen, wegen Corona. Und seitdem blüht dieser Markt auf, und Landsleute aus ganz Europa würden sich das hier anschauen und ein bisschen Heimatluft schnuppern. Ich liebe solche Märkte und finde es großartig, dass es trotz aller Bürokratie noch solche Schlupflöcher gibt. Ich kaufe drei Spieße für Duncan, Anton und mich, dazu Cola und Gemüsebällchen, wir setzen uns auf eine kleine Bank hoch über der Schleusenkammer und schauen auf diese zwielichtige Welt.

Manchmal überkommen mich Momente der Wahrwerdung. Ich werde mir dann meiner Situation und den Umständen um mich herum

OBERRHEIN

vollkommen bewusst. Links von mir sitzt Anton mit all seinen Problemen, rechts Duncan in seiner ganzen Liebenswürdigkeit, um mich herum dieser Markt, den die Behörden nicht sehen wollen, und mittendrin hocke ich mit allem Glück und Unglück, das den Reisenden immer umgibt. Solche Momente erlebe ich nur auf Reisen. Und dafür mache ich es. Unter anderem.

Während wir es irgendwie schaffen, von der Schleuseninsel zurück in den Rhein zu klettern, erzählt Duncan die Geschichte eines Schweizer Freundes, der ein Abschiedsessen veranstaltet hat, bevor er am nächsten Morgen für ein paar Wochen fortfliegen muss. Als er nach dem Urlaub zurückkommt, liegt eine Anzeige auf seinem Schreibtisch. Er hat vor sieben Uhr den Müll rausgebracht und damit gegen die Hausordnung verstoßen, weil die Mülltonnen immer so einen Lärm machen. Schnell findet er heraus, dass ihn sein Nachbar angezeigt hat, der am Abend zuvor noch bei ihm eingeladen war. Auf die Anzeige angesprochen, meint der Nachbar: »Wieso wunderst du dich? Du hast gegen die Gesetze verstoßen.«

Ich bin froh, dass diese Geschichte in der Schweiz und nicht in Deutschland passiert ist. Sie wirft ein bestimmtes Licht auf eine Mentalität, die man überall antreffen kann und die mir absolut zuwider ist, denn ich gehöre zu den Menschen, die über rote Fußgängerampeln gehen, wenn keine Autos in Sicht sind (und keine Kinder). Eine Ampel ist schließlich dafür da, den Verkehr zu regeln. Und wenn kein Verkehr zu sehen ist, übernehme ich die Verantwortung für mein Handeln und gehe auch bei Rot über die Straße. Viel gefährlicher sind in meinen Augen Menschen, die bei Grün über die Straße gehen, ohne nach links und rechts zu schauen. Sie folgen lieber einem automatisierten Licht als ihrer präsenten Intelligenz. Aber über diese Einstellung kann man jahrelang streiten. Mittlerweile habe ich herausgefunden, dass es Menschen gibt, die bei Rot gehen, und solche, die es lieber nicht tun. Wichtig ist, dass man eine Partnerin oder einen Partner findet, der die gleiche Einstellung hat – sonst wird man miteinander niemals glücklich.

In Kehl verabschiedet sich Duncan. Er muss zurück zu seiner Frau und den Kindern und noch dazu morgen arbeiten. Wir umarmen uns herz-

LAHR – STRASSBURG

Mein Brett & ich, an einem der unzähligen Stauwehre in Straßburg.

lich und können gar nicht glauben, dass wir nur 24 Stunden zusammen verbracht haben. Was für ein guter Typ. Wieder ein neuer Freund im Leben, mit dem mich nach einem Tag mehr verbindet als mit dem weitaus größten Teil der Menschen in meinem direkten Umfeld. Das Wunder des Reisens – hier zeigt es sich wieder.

Anton und ich paddeln stumpf weiter, Stunde um Stunde. Fast immer geradeaus durch diesen Betonkanal namens Rhein. Die Luft ist teilweise verpestet. Wir kommen an Müllverbrennungsanlagen vorbei, an Raffinerien und Abraumhalden. Hier tobt sich die Industrie ohne Rücksicht auf Verluste aus. Es geht nur um Gewinne. Um Profit. Links müsste Straßburg liegen, doch von der berühmten wunderschönen Stadt mit ihrem Weltkulturerbe ist vom Rhein aus nichts zu sehen. Nur der Hafen und die östlichen Stadtteile liegen am Rhein. Wir könnten über die Ill in die Stadt fahren, haben aber keine Kraft für ein weiteres Kraftwerk. Da habe ich schon einen Monat Zeit für so eine Reise und nutze doch nicht alles aus.

DAS ZIEL HAT EINEN ZU HOHEN SOG, ALS DASS ICH GRÖSSERE UMWEGE IN KAUF NEHMEN WOLLEN WÜRDE.

Wieder passieren wir endlos lange Schleusen, kommen an Kilometer 333 vorbei und entdecken ein Schild, dass es links zur Ill geht, einem kleinen Nebenfluss des Rheins, der die nächste Schleuse umläuft. Also packen wir unsere Gefährte auf den Deich, lassen sie herunterrutschen und bauen am Ufer des kleinen Flusses auf der französischen Rheinseite unser Camp auf – wohl wissend, dass oben auf dem Deich eine Großbaustelle liegt, die uns zeitig wecken wird. Aber ich bin zu erschöpft, um jetzt noch auf die Ill zu gehen und nach einem geeigneteren Zeltplatz Ausschau zu halten.

Der Mückenterror scheint von Tag zu Tag zuzunehmen. Die Stunde rund um den Sonnenuntergang ist schier unerträglich, und Anton und ich verziehen uns in unsere Zelte. Dies bringt ganz nebenbei den Vorteil mit sich, dass Anton nicht weiter auf mich einredet.

Als die Sonne fast ganz verschwunden ist, hauen auch die Mücken ab, und Anton kocht wie jeden Abend für uns. Es ist zwar immer das Gleiche – Nudeln mit Pesto, aber es tut unendlich gut, abends noch etwas Warmes in den Bauch zu bekommen. Ich kann sehen, wie zerrissen der Kerl ist: immer zwischen Zerstörungswut und kleinem Jungen, der geliebt werden möchte. Er muss mehrere Entwicklungsstufen als Kind verpasst haben. Aber zum Glück bin ich kein Psychologe und muss mich nicht um solche Patienten kümmern. Es reicht, wenn ich versuche, Mitgefühl zu zeigen, und ihn nicht verurteile.

STRASSBURG – LAUTERBOURG

Wie hart soll diese Reise noch werden? Alles, was mich aus dem Zelt aufs Brett und nicht in den Zug treibt, ist das Wissen, dass ich heute den frei fließenden Rhein mit all seiner natürlichen Schönheit und Kraft erreichen müsste. Noch drei Schleusen. Davon die letzte und größte in Iffezheim.

Doch ich wusste, dass zu einer solchen Tour auch Zweifel gehören. Sie sind wie ein Tunnel, den ich irgendwie durchqueren muss, ohne zu wissen, wie lang er ist und was mich auf der anderen Seite erwartet. Jedes Abenteuer ist ein Sprung ins Leere, in eine unbekannte Welt.

Das Seltsame an mir und meinem Charakter ist, dass sich ein winziger Teil von mir stets auf das Unbekannte freut. Auf die Freude möchte ich hören, ihr folgen. Nicht den Zweifeln.

Als die Entscheidung fiel, diese Rheinreise wirklich zu machen, gab es kein Zurück mehr. Ich habe diese Entscheidung nicht anderen oder äußeren Umständen überlassen, sondern selbst getroffen. Alleine für mich – und erst viel später an die Konsequenzen gedacht. Nur so kann ich meine Abenteuer angehen: Ich folge meiner Sehnsucht; und nicht der Sehnsucht der anderen. Dann würde ich nämlich zu Hause bleiben.

Anton hat eine Sony-Box auf dem Bug seines Kajaks befestigt und spielt die Lieblings-Playlist seines Vaters – der vermutlich in meinem Alter ist. Irgendwann schallt *The River* von Bruce Springsteen über den Fluss. Es war *mein* Lied, als ich noch Teenager war. »Passt irgendwie zu dir«, sagt Anton. Da er kaum Englisch spricht, merke ich erst jetzt, dass der Titel natürlich zu mir und meinen Reisen passt. Dabei hat das Lied wenig mit einem Fluss zu tun, sondern viel mehr mit einer gescheiterten Liebe. Was für ein seltsamer Zufall – *the river*. Der Fluss. Und ich habe es nie bemerkt.

> **JEDES ABENTEUER IST EIN SPRUNG INS LEERE, IN EINE UNBEKANNTE WELT.**

Nachdem wir die Vogesen vor ein paar Tagen hinter uns gelassen haben, taucht jetzt der Schwarzwald am Horizont auf. Jede Veränderung ist ein Stück Glückseligkeit in dieser Monotonie.

OBERRHEIN

Anton und ich paddeln fünf Stunden ohne Pause, bis wir nach 30 Kilometern endlich die letzte Schleuse erreichen. Hier gibt es sogar ein Restaurant – außer meinen gesponserten Powerriegeln habe ich noch nichts zu mir genommen. Der Laden sieht von außen geschlossen aus – Rollläden runter und keine Beleuchtung. Aber die Tür lässt sich aufdrücken, an einem Tresen sitzt eine steinalte Frau und meint, dass wir gerne in den Biergarten gehen könnten. Es gibt die übliche deutsche Provinzküche – Leberkäse, Schnitzel, Pommes. Ich bestelle außerhalb der Karte: drei Rührreier – natürlich werden sie mir mit Speck gebracht. Die Küche wollte mir bestimmt etwas Gutes tun.

LAUTERBOURG – SPEYER

Jeden Morgen wache ich mit einem Ohrwurm auf. Es dauert immer eine gewisse Zeit, bis das Lied aus den flirrenden Tiefen meines Unterbewusstseins an die Oberfläche wabert. Dann macht es sich ganz leise in meinem Kopf breit und findet irgendwann den Weg bis wenige Millimeter vor meine Lippen. Stumm summt es heute früh durch meinen Kopf – natürlich *The River* von Bruce Springsteen: *Is a dream a lie if it don't come true, or is it something worse?*

Ich liege in meinem Zelt, höre mir das Lied im Internet an und bekomme Tränen in die Augen. Wo finde ich denn endlich meinen Traum? Warum suche ich ihn immer noch? Habe ich nicht längst alle Winkel dieser Welt erkundet, alle Ecken meines Seins durchforstet, alle Träume erfüllt? Lässt sich diese Sehnsucht nie stillen?

Wieder habe ich meine Heimat verlassen, meine Lieben, mein bisschen Glück – dabei habe ich mehr Glück im Leben gehabt, als ich mir je hätte erträumen können – und paddle immer weiter, um etwas zu finden, das ich längst gefunden habe und immer wieder verliere: mich oder das, was davon übrig geblieben ist. Die Flüchtigkeit der Momente aus Glück und Unglück, Gnade und Verzweiflung, Erschöpfung oder Freude wechseln auf dieser Reise im Stundentakt. Ich suche ein Leben jenseits unserer überzivilisierten Welt, jenseits der Smartphones, der WLAN-Welt, des Konsumismus, der Altersvorsorge, der Versicherungen, der Eintönigkeit. Ein ursprüngliches Leben fernab von warmen Duschen, Treffen mit Freunden, intimen Stunden, Sport, Arbeit, Sofas, Knabberzeug, gefüllten Kühlschränken, Kaltschaummatratzen, vollen Kleiderschränken mit einer schier unendlichen Auswahl an Turnschuhen, Hosen, Shirts und Jacken. Ein Aufbruch in das Reich des Reisens, wo andere Dinge zählen: die körperliche Unversehrtheit, die Nähe zur Natur, das Treffen mit Fremden, die einem schneller ans Herz wachsen als in der versiegelten Welt, die wir Zuhause nennen.

Heute Morgen musste ich Anton sagen, dass sich unsere Wege trennen. Ich erklärte es ihm zaghaft, sagte, dies sei ein wichtiger Schritt für mich und nicht gegen ihn. Ich müsse meinen Rhythmus finden, mein Ding machen. Und ich bräuchte Storys für dieses Buch. Denn tatsächlich habe ich seit Tagen nichts außer Schleusen und Kanalwänden gesehen. Von Erlebnissen, aus denen ich Geschichten stricken könnte, bin ich weit entfernt.

> **ICH MUSS MEINEN RHYTHMUS FINDEN, MEIN DING MACHEN.**

Wir paddeln noch ein paar Kilometer zusammen, legen in einem Industriehafen an, kaufen gemeinsam ein, und dann paddle ich los. Anton steht mit hängenden Schultern am Ufer. Wie ein großer Junge – und ich bekomme einen Kloß im Hals, denn es gibt für mich nichts Schlimmeres, als andere Menschen zu verlassen. Wie häufig habe ich mich als junger Mensch verraten und verkauft gefühlt? Alle waren gegen mich, und ich hatte nicht verstanden, dass ich die Ernte für mein Verhalten einfuhr. Aber da war ich 13, 14 Jahre alt und nicht in den Dreißigern wie Anton.

Für mich ist es in diesem Moment wichtig, eine Grenze zu ziehen, Nein zu sagen. Ich bin kein Psychologe und kein Betreuer, kein Sozialarbeiter und kein Erzieher. Anton braucht professionelle Hilfe.

OBERRHEIN

Vielleicht versteht mich Anton ein bisschen – zu eindringlich waren meine Worte, er möge seine Glaubenssätze hinterfragen. Seinen Pessimismus, seine Aggressionen beobachten und in positive Energie verwandeln. Er meinte gestern Abend zu mir, ich würde ihm guttun. Leider konnte ich das Kompliment nicht zurückgeben.

Als ich hinter der Hafenmauer abbiege, fällt ein tonnenschwerer Rucksack von mir ab. Ich habe das Gefühl, seit Tagen wieder richtig durchatmen zu können. Selten hat mir ein Mensch so viel Energie geraubt. Vielleicht waren es auch die Schleusen. Vielleicht beides.

Ich brauche Stunden, um wieder zu mir zu finden. Zurück auf diesen gewaltigen Fluss. Langsam verstehe ich, warum die Menschen ihn *Vater* nennen. Egal, wie viel Wasser dieser Fluss führt – er fühlt sich gewaltiger an als alle Flüsse, die ich bisher gepaddelt bin. Bei der Donau denkt man: Die ist hübsch und lang. Bei der Elbe: Die ist gewunden und natürlich und in Hamburg von riesigen Pötten befahren. Aber vom Rhein haben wir eine höhere Meinung. Er ist der Fluss der Flüsse in Deutschland. Wenn man jemanden fragen würde: Nenne mir einen deutschen Fluss – die Antwort wäre zu 99 Prozent, *der Rhein*. *Vater Rhein*, lautete vielleicht sogar die Antwort.

Um möglichst subjektive Perspektiven bei den Filmaufnahmen zu bekommen, nehme ich meine GoPro-Kamera in den Mund und filme dabei. Während ich nach vorne filme, springt ein riesiger Fisch direkt vor mir in die Luft. Die Freude über den Zufall, über den Fang mit der Kamera, ist viel intensiver als die Freude, die ich im Alltag zu Hause erlebe. Wann passiert dort schon mal etwas Außergewöhnliches? Etwas, womit wir nicht rechnen? Wie lange hält Freude dort an? Hier ist jede Sekunde so wertvoll, dass ich vor lauter Glück und Freude über dieses Leben staune.

MEINE WAHRNEHMUNG DER AUSSENWELT HAT SICH VERÄNDERT.

Es stürzen so viele Sinneseindrücke auf mich ein, dass mir gar keine Wahl bleibt, als permanent aufmerksam zu sein. Das, was mich dazu bewogen hat, ein weiteres Abenteuer anzugehen, ist plötzlich unendlich weit weg. Es ist mir kaum möglich, über diese neuen Eindrücke zu schreiben, ohne in eine mystische, vielleicht sogar esoterisch klingende Sprache zu verfallen: Diese Rheinreise hat einen Graben geschaffen zwischen einem erfüllenden Hier und Jetzt und dem häufig trist-monotonen, mit kleinen Ärgernissen überfrachteten Leben zu Hause.

ES IST, ALS WÄRE EINE TÜR AUFGEGANGEN UND FRISCHLUFT HÄTTE MEINE GEDANKENWELT DURCHSTRÖMT.

Diese Reise trägt nicht die alte, verstaubte Vergangenheit mit sich herum, sondern zwingt mich täglich, Tausende Probleme zu lösen: Wo finde ich einen Schlafplatz? Wo bekomme ich genügend Frischwasser und Nahrung her? Erlaubt mir die Natur, mein Ziel zu erreichen? Ich bewege mich mental ständig im gegenwärtigen Augenblick und habe gar keine Zeit, mir Gedanken über Politik, Corona oder Zukunftssorgen zu machen.

Auf dem Wasser fiel ich heute kurz in eine Art Trance. Es war, als wäre ich nicht mehr anwesend, sondern würde aus einem automatisierten Körper heraus paddeln und mein Geist wäre fast wie im Schlaf abgeschaltet. Erst im Nachhinein wird mir dieses Phänomen bewusst, und ich frage mich, was dahinterstecken mag. Falle ich in eine Hypnose? Ist die Monotonie des Paddelns für den Geist dermaßen öde, dass er sich ausklinkt? Ist das der Zustand der Meditation, nach dem ich jahrelang in Dutzenden von Seminaren auf der halben Welt gesucht und den ich nur selten gefunden habe?

Mittlerweile kommen mir gewaltige Schubverbände entgegen, die Gas, Eisenschrott oder Kohle transportieren. Die meisten verursachen fast keine Welle. Nur ein paar altmodische Kähne zwingen mich in die Knie.

Fast nie bekomme ich die Kapitäne zu Gesicht. Ihre Scheiben sind verdunkelt und die Türen geschlossen. Vermutlich sitzen sie in klimatisierten Kabinen und lassen den Autopiloten ihre Maschinen steuern. Wenn mal jemand zu sehen ist, starrt er stur geradeaus. Hobbypiloten wie ich werden schlichtweg ignoriert. Wir sind das größte Ärgernis für die Profis, weil wir ständig Gefahr ausstrahlen. Dabei sind wir Paddler viel wendiger als die großen Pötte. Aber vermutlich gibt es jede Menge Paddler, die einfach nicht erkennen, welche Gefahr von den Lastschiffen ausgeht, und sich ihnen zu dicht annähern. Trotzdem habe ich noch nie gehört, dass ein Paddler von einem Frachtschiff »übergemangelt« wurde.

Heute ist der perfekte Tag. Kein Wind, ein bisschen bedeckt und eine Strömung, die mich von allein ans Ziel führt.

ENDLICH KOMMEN WIEDER DIESE GLÜCKSMOMENTE IN MIR HOCH, DIESES GEFÜHL DER TOTALEN FREIHEIT ALLEIN UND BARFUSS AUF DEM RHEIN.

Die Natur ist zum Teil endlich wieder unberührt. Am Rußheimer Altrhein lasse ich Frankreich hinter mir, und beide Seiten des Flusses sind deutsch. Rechts liegt eines der größten Naturschutzgebiete des Rheins voller Adler und Falken, Auwäldern und Feuchtbiotopen. Hier leben mehr Pflanzen und Tiere als an jedem anderen Fluss unseres Kontinents. Eigentlich müsste ich haltmachen, mein Zelt aufschlagen und in die Auwälder wandern und der Natur lauschen. Aber es fällt mir so schwer, den Fluss zu verlassen. Ich bin zu innig daheim auf meinem Brett. Wozu an Land gehen und festen Boden spüren?

Kurz vor Speyer kommt mir ein Stand-up-Paddler entgegen. Er winkt mir schon von Weitem zu. So freudig wurde ich selten begrüßt. Als ich bei ihm bin, sagt er, dass er mich gestern auf Facebook gesehen hätte. Was für ein verrückter Zufall. Er würde mich so gerne begleiten, hätte aber so viele Verpflichtungen, dass solche Touren einfach nicht drin seien.

»Vielleicht schaffst du es irgendwann«, sage ich, und er meint: »Ja, bestimmt. In ein paar Jahren oder so.«

Schon viel zu lange lebe ich dieses freie Leben. Ich kann mir gar nicht mehr vorstellen, so starke Verpflichtungen zu haben, die es mir noch nicht einmal für ein paar Tage erlauben würden, in die Natur zu gehen und mei-

LAUTERBOURG – SPEYER

Sogar Autobahnbrücken werden vom Sonnenaufgang zu Kunstwerken verklärt, wie hier die Rheinbrücke Speyer bei Hockenheim.

OBERRHEIN

nem Weg zu folgen. Ich denke, dass sich jeder für ein paar Tage freinehmen kann – freinehmen sollte. Es muss ja nicht gleich der ganze Rhein sein. Es ist enorm wichtig, sein Alltagsleben immer wieder zu verlassen und somit von außen betrachten zu können und dann zu schauen, was eventuell nicht passt, um sein Leben neu zu justieren. Aber dafür braucht es Mut, ein bisschen »Feuer im Hintern« und sicherlich auch einen gewissen Leidensdruck.

Wir fahren zusammen bis nach Speyer, machen an einer Rampe fest, und der Stand-up-Paddler meint, ich müsse mir unbedingt den Dom anschauen. Also lasse ich mein Brett liegen, schnalle meinen Rucksack auf und wandere den Hügel hinauf zum Dom. Das Gebäude ist so majestätisch mit seinem roten Sandstein und dem ewig langen Kirchenschiff, dass ich mich erst einmal draußen gegen die Mauern lehne und das Gebäude umarme wie einen uralten Baum, der zu groß geraten ist. Angeblich konnte zur Zeit seiner Fertigstellung die gesamte Stadtbevölkerung im Dom Platz finden.

> ALLES DENKEN UND ALLE GEFÜHLE AUS MEHR ALS TAUSEND JAHREN SIND HIER VERSAMMELT UND SCHWEBEN IN DER LUFT.

Hier waren alle großen Kaiser und Päpste, Goethe und Hölderlin. Dieser Bau wurde besungen und zum Weltkulturerbe erklärt. Und als ich es betrete, bin ich der einzige Mensch in diesem gewaltigen Wohnzimmer Gottes. Die Stille brüllt mir in die Ohren. Ich setze mich auf eine Bank, schließe die Augen und versuche mir vorzustellen, was dieses Gebäude schon alles gesehen hat. Es fühlt sich so an, als hätte es mehr gesehen, als ein Mensch ertragen kann. In diesem Haus wurden Kriege geplant, die Druckerkunst erfunden, *die Glocke* ersonnen. Alles Denken und alle Gefühle aus mehr als tausend Jahren sind hier versammelt und schweben in der Luft. Nicht greifbar, nicht zu messen.

Und heute schwebt alles Wissen aus allen Zeiten durch diesen Dom in Form von digitalen Einsen und Nullen, die wir auf den intelligentesten Geräten aller Zeiten empfangen können. Hier kann ich Schillers *Glocke* lesen, alles über die Druckerkunst erfahren und auf die schlimmsten Kriege schauen. Doch die Realität, die sich auf meinem Smartphone zeigt, ist ein lebloser Abklatsch im Vergleich zu dem, was in meinem Kopf geschieht, wenn ich versuche, die alten Zeiten und Gedanken und Gefühle, die im Speyerer Dom hängen, zu spüren. Erst wenn ich die Augen schließe, läuft mir ein Schauer über den Rücken. Wenn ich auf mein Display schaue, bekomme ich höchstens müde Augen.

Ich bete das *Mutter Unser* – vom Vater habe ich erst einmal genug. Beim Gebet und vor allem in gewaltigen Kirchen wie dieser kann ich meine Seele fast greifen, denn ich glaube an das Konzept einer Seele mit ganzem Herzen. Sie fühlt sich manchmal so leicht an, dass sie entschweben möchte und mich anfleht, ihr zu folgen, und nicht zum tausendsten Mal Widerstand zu leisten und meinen Dickschädel durchzusetzen oder meinen Sorgen nachzugeben.

Auf der anderen Flussseite holt mich Duncan mit dem Auto ab, denn er hat mir eine Nacht bei ihm zu Hause spendiert. Inklusive Waschmaschine, warmem Essen, Family life und einer heißen Dusche. Ich lasse zum ersten Mal seit dem Alpenrhein die Luft aus meinem Brett, packe mein gesamtes Zeug zusammen und lege alles in seinen Kofferraum. Erst als wir im Auto sitzen und mit 120 km/h über eine Landstraße rasen, merke ich, wie weit ich mich in den vergangenen zwei Wochen von der Zivilisation entfernt habe.

Autofahren kommt mir völlig fremd vor, viel zu schnell und viel zu gefährlich. Dabei ist Duncan ein umsichtiger Fahrer, und dennoch habe ich das Gefühl, dieses Tempo nur schwer ertragen zu können.

Seine Familie nimmt mich auf, als würde ich schon ewig dazugehören, beziehungsweise als wäre ich der verrückte Onkel, der kurz zu Besuch kommt. Die Kinder sind so mit sich beschäftigt, dass sie mich fast nicht wahrnehmen und höchstens kurz anstarren und sich fragen, was ich hier mache. Duncans Frau ist herzlich und natürlich ebenfalls mit Familienleben, Job und den üblichen Sorgen des Alltags beschäftigt. Und Duncan ist einfach er selbst und gibt mir das Gefühl, hier zu Hause zu sein. Dass wir uns gar nicht richtig kennen, ist schier unvorstellbar.

Um 19.50 Uhr guckt die Familie traditionell die Nachrichten auf KiKa. Meine ersten Infos aus der Welt seit zwei Wochen – gefühlt seit Monaten. Aber im Grunde nichts Neues: Taliban, Wahlen, Corona. In ein paar Wochen wird sich kein Mensch mehr für die Afghanen und ihr Schicksal interessieren. Wahlprogramme werden plattgemacht sein, damit eine Koalition zwischen Pest und Cholera gebildet wird, und Corona wird wieder abebben, um dann in weiteren Wellen erneut aufzuflammen. Schöne neue Welt!

Duncan erzählt, dass er Deutschland liebt und seinem Heimatland England tausendmal vorziehen würde. Zum Beispiel, wenn es um das Krankensystem ginge: »Wenn du dir in England den Arm brichst, wartest du erstmal sieben Stunden in der Notaufnahme, bis überhaupt jemand nach dir guckt. Vorher sind nämlich noch viel schlimmere Fälle dran. Dann wird dir gesagt, dass du dich noch gedulden musst, um irgendwann geröntgt zu werden. Sollte das tatsächlich passieren, wird dir mitgeteilt, dass die zuständigen Ärzte alle im OP sind und du – wenn möglich, morgen wiederkommen sollst.« Ich kann es nicht fassen – leben wir in Deutschland also im Paradies? »Oder auf dem Amt«, fährt Duncan fort. »Da sagt dir die zuständige Person, dass sie deine Frage gerade nicht beantworten kann und dass du Mittwoch wiederkommen sollst. Kein Problem, sagst du und kommst Mittwoch wieder, um festzustellen, dass die Person ihren freien Tag hat.« Zumindest sei das früher so gewesen, sagt Duncan. Vielleicht hätte sich das heute gebessert. »But I doubt it.«

> **KOMFORT FÜHLT SICH AN WIE DAS ÜBERHOLTE RELIKT EINER FREMDEN WELT.**

Gegen neun fallen mir langsam die Augen zu. Mein Schlafrhythmus hat sich durch die Tour verändert. Ich schlafe mit dem Sonnenuntergang ein und stehe mit dem Sonnenaufgang auf. Jetzt, zur Tagundnachtgleiche, heißt das acht bis acht. Duncan hat mir ein Bett im Keller gemacht. Doch ich schlafe schlecht, trotz weicher Matratze, totaler Stille und Dunkelheit. Vielleicht war es zu still und zu dunkel, zu bequem. Komfort fühlt sich an wie das überholte Relikt einer fremden Welt.

SPEYER – GERNSHEIM

Es ist ungeheuer beruhigend zu wissen, dass überall Menschen zu Hause sind. Wenn ich mich also noch so fremd und einsam fühle, gibt es jemanden, der hier zu Hause ist. Diese Erkenntnis gibt mir das Gefühl, auch unterwegs zu Hause zu sein, und ich mir nicht einreden muss, dass mein Brett meine vorübergehende Wohnung ist.

Während es für die meisten Menschen ein Grundbedürfnis ist, ein Zuhause zu haben, ist es für mich ein Grundbedürfnis, gleich mehrere davon zu haben. Detmold ist ein Zuhause für mich, weil ich dort geboren und aufgewachsen bin und meine Eltern dort wohnen. Kiel ist ein Zuhause, weil ich dort lebe und meine Steuern zahle. Frankreich ist ein Zuhause, weil dort meine Großeltern gelebt haben. Orte, an denen ich viele intensive Momente erlebt habe und an die ich stets zurück kann (außer, wenn Corona tobt), sind mein Zuhause: Indien, Australien, die USA. Wenn ich die Sprache spreche und dort Freunde habe, bin ich zu Hause. Am Ende geht es nur darum, einen Ort zu finden, an dem man glücklich ist. Und da das Glück so flüchtig ist, gibt es diesen Ort nicht auf verlässliche Weise.

> **AM ENDE GEHT ES NUR DARUM, EINEN ORT ZU FINDEN, AN DEM MAN GLÜCKLICH IST.**

Über allem steht eine Sehnsucht nach dem perfekten Zuhause; einem diffusen Gefühl der Zugehörigkeit, Geborgenheit. Ein idealisiertes Heimatgefühl, das ich nicht greifen kann.

Vielleicht bin ich aber auch ein heimatloser Geselle, der vergeblich versucht, sich eine Heimat zu schustern, die er eigentlich gar nicht braucht. Sind Begriffe wie *Heimat* und *Vaterland* nicht längst überholt? Braucht das noch jemand in einer globalisierten Welt, wenn er sich unterwegs zu Hause fühlt? Ich würde mir wünschen, dass zukünftige Generationen bewusst ohne Heimat auskommen, um viel offener über diesen grandiosen Planeten zu wandeln. Würdevoller, freier und damit bodenständiger.

Manchmal stehe ich auf meinem Brett, treibe den Rhein runter und denke: Hier bin ich zu Hause. Oder hier war ich schon mal zu Hause.

OBERRHEIN

Manchmal auch: Hier werde ich irgendwann einmal zu Hause sein. Alles nur Fantasien. Wenn ich ganz bei mir bin, in Momenten, in denen ich vollkommen bei mir angekommen bin – dann bin ich zu Hause. Ganz egal, wo ich gerade bin.

Nebel steht über dem Fluss. Die Luftfeuchtigkeit beträgt 100 Prozent. Duncan hat uns mit seinem Wagen zurück an den Rhein gebracht. Unter dem Dach einer Picknickhütte pumpen wir unsere Bretter auf, um zumindest ein bisschen vor dem Wetter geschützt zu sein. Ich schaue immer wieder ängstlich auf den Fluss hinaus und habe ein mulmiges Gefühl. Es tut meinem Unterbewusstsein nie gut, das Abenteuer zu verlassen, eine Nacht außerhalb der Flussenergie zu verbringen und dann wieder zurückzuspringen in die Zone der Komfortlosigkeit.

Heute paddeln wir zu dritt diesen großen Fluss hinunter. Außer Duncan ist noch Jochen dabei, ein weiterer Facebook-Freund, der behauptet, es wäre ihm eine große Ehre, mich mal in echt zu sehen. Er hätte meine Bücher gelesen, sei Podcast-Hörer – aber die Geschichten und den Typen leibhaftig zu erleben wäre etwas ganz anderes. Ich bedanke mich und hoffe, dass er nicht enttäuscht ist, denn häufig haben Leserinnen oder Leser ein hehres Bild von mir, das ich im Alltag nicht immer erfülle.

Wie angekündigt, regnet es ab Mittag, und zwar in Strömen. Meine Regenjacke ist nach einer Stunde wasserdurchlässig, und ich triefe vor Nässe. Vielleicht sollte ich mir neue Sponsoren mit besseren Klamotten suchen. Zum Glück weht der Wind von hinten, sodass wir hervorragend vorankommen und uns gut unterhalten können. Noch nie hat mich Regen beim Stand-up-Paddeln so wenig gestört.

Jochen hat schon alles Mögliche in seinem Leben gemacht. Er war jahrelang in der Gastro tätig, war Industriekaufmann, Versicherungsmakler. Jetzt gerade ist er Arbeit suchend – wie es bürokratisch-deutsch heißt. Klingt besser als arbeitslos, auch wenn es der Begriff besser trifft. Er gehört zu diesen gemütlichen »Bären«, die nichts aus der Fassung bringt. Vermutlich könnte man ihn als Stoiker bezeichnen, aber damit bediene ich eine Schublade, in die er sicherlich ungern gezwängt wird, denn Jochen passt auch nicht ganz in diese Welt. Manchmal gibt es Menschen, die im falschen Zeitalter geboren sind. Jochen würde besser ins Mittelalter passen mit seiner kräftigen Statur, dem Bart und den langen Haaren.

SPEYER – GERNSHEIM

Die ersten Herbstnebel senken sich
über den Rhein bei Speyer.

Da wir drei uns die ganze Zeit unterhalten und viel zu wenig aufs Paddeln achten, sehen wir zu spät, dass der Rhein auf dieser Seite nur noch ein paar Zentimeter tief ist und wir zu weit von der Fahrrinne entfernt sind. Als ein Motorboot an uns vorbeirast, entstehen Wellentäler, und das Flussbett kommt zum Vorschein. Unglücklicherweise liegt in genau dem Moment eine Betonplatte auf dem Grund, und ich bleibe mit der Finne hängen, fliege wie auf einem Katapult nach vorne und mache einen Hechtköpper ins Wasser. Noch im Flug hoffe ich, wie *Superman* auszusehen. Aber vermutlich ähnle ich eher einer Kaulquappe, die ein Frosch ausgekotzt hat.

OBERRHEIN

Ich fliege also ins Flachwasser, lande auf der linken Hand und spüre sofort, dass die alte Verletzung von der Isteiner Schwelle wieder aufgerissen ist. Zum Glück ist meine Flussfinne noch dran und der Finnenkasten nicht weiter gebrochen.

MIR WIRD WIEDER KLAR, DASS SCHON KLEINSTE UNAUFMERKSAMKEITEN SO EINE TOUR SCHNELL BEENDEN KÖNNEN.

Hätte ich mir die Hand tiefer aufgeschnitten, wäre diese Reise hier und jetzt vorbei gewesen.

Da die aufgeschürfte Stelle wie betäubt ist, pule ich ohne größere Schmerzen Sand und Gesteinsreste aus der Wunde, spüle alles mit klarem Wasser nach und bete, dass sich die Stelle nicht entzünden möge. Da niemand von uns Desinfektionsspray dabeihat, verlasse ich mich auf meine Abwehrkräfte.

Der Rhein windet sich in alle Himmelsrichtungen, bis es wieder lange geradeaus durch den Regen geht. Am Horizont erscheinen Mannheim und Ludwigshafen. Vor dieser Reise hatten mich mehrere Paddler vor den gefährlichen Wellen dort gewarnt, denn die senkrechten Spundwände in den Industriehäfen würden die Wellen der Containerschiffe ungebremst zurückwerfen und einen Hexenkessel verursachen, der schon manchen Stand-up-Paddler vom Brett geworfen habe. Doch entweder haben wir Glück oder die Erzählungen waren übertrieben. Es geht zwar kilometerlang an diesen steilen Eisenwänden vorbei, aber Wellen gibt es hier kaum.

Hier zeigt sich der Industriestandort Deutschland in seinen ganzen Auswüchsen. Wer nicht gerade auf dem Rhein unterwegs ist, hat keine Ahnung, welch gewaltige Maschinerie unser Land Tag und Nacht am Leben hält und unseren Reichtum vermehrt. Wir paddeln an einem Industriedschungel vorbei, mit Tausenden von Schornsteinen, verwinkelten Fabrikgebäuden, riesigen Industrieanlagen, brennenden Schloten, mächtigen Kränen und Häfen, groß wie Städte. Vorbei an gigantischen Haufen Schrott, Steinen, Sand, Eisen und Holz. Ein Containerschiff liegt neben dem anderen, Lkw rasen auf schmalen Pisten an haushohen Kränen vorbei. Container stapeln sich bis zum Horizont: *Mordor* in natura und Farbe.

BASF hat hier den größten Chemiestandort der Welt hingestellt. Es ist unfassbar bedrückend, an diesem Ungetüm mehr als eine Stunde entlangzupaddeln. Bis in die 1990er-Jahre wurden hier tonnenweise Schwermetalle, Abwässer und Stickstoff in den Rhein geleitet. Was waren das für Barbaren – und sind es vermutlich bis heute! Ich werde nie im Leben ein Produkt von BASF kaufen.

Der Gegenwind bläst uns eine Mischung aus Gift, verbranntem Gummi und Abgasen in die Nase. Ungeschminkt zeigt sich hier die totale Maximierung und Profitorientierung. Zu welchem Preis?

Immer wieder fließen Kanäle in den Rhein, riesige Wassermassen blubbern von unten an die Oberfläche, Rohre schießen Flüssigkeiten in den Fluss. Wird das alles behördlich überprüft? Hält sich die Industrie an die Vorgaben? Und kommt die Politik mit ihren Vorgaben hinterher oder pumpt die Industrie den letzten Dreck ins Wasser, der aber auf keiner Liste steht und somit nicht verboten ist?

Am Lampertheimer Altrhein verabschieden sich Duncan und Jochen und paddeln zurück in den Alltag. Wir legen am Ufer an und umarmen uns lange. Ich könnte heulen, weil mir diese ständigen Verabschiedungen aufs Gemüt schlagen. Mit diesen beiden Kerlen hätte ich auch noch bis Holland paddeln können.

WASSER UND BERGE UND GRÜN. DAS IST UNSER LAND ...

Am Horizont sehe ich seit Beginn der Tour fast immer die Berge. Erst waren es die Alpen, dann die Vogesen, der Schwarzwald, jetzt der Odenwald. Wasser und Berge und Grün. Das ist unser Land jenseits der Industrialisierung. Und so wird unser Land wieder sein, wenn wir Menschen als Spezies nicht mehr existieren. Denn wir sind auf dem besten Weg, uns auszuradieren. Ich denke nicht, dass es ein Zurück gibt – wir arrangieren zurzeit höchstens die Stühle auf der *Titanic* neu. Sollte es eine neue Regierung geben – und danach sieht es im Moment aus, hätte ich keinerlei Hoffnung, dass sich etwas grundlegend ändert. Denn solange wir Wachstum und Profitgier als Ziel ausgeben, werden wir die Umwelt und damit uns selbst zerstören. Es ist so absurd, dass wir das nicht ändern.

Alleine zu paddeln raubt mir Kraft. Wieder bin ich niedergeschlagen und frage mich, ob ich diese Reise zu Ende bringen werde. Vielleicht ist es eine Frage des Alters, dass ich Gesellschaft brauche. Das soziale Tier in mir mag nicht mehr im Stich gelassen werden. Denn so fühlt es sich jedes Mal an, wenn mich Leute begleiten und nach ein paar Stunden einfach weg sind.

Wieder komme ich an einem Atomkraftwerk vorbei. Dieses Mal ist es Biblis, das seit Fukushima 2011 abgeschaltet ist. Biblis ist das einzige AKW, das ich betreten habe: Als junger Journalist sollte ich über einen kleineren Störfall berichten und durfte tatsächlich ins Allerheiligste. Doch mir hätten die Atomwissenschaftler auch erzählen können, dass Wollmäuse Milch produzieren, so wenig Ahnung hatte ich. Woher auch? Ich tat so, als wäre ich kritisch, hatte aber natürlich von nichts eine Ahnung – und so geht es fast allen Journalisten, wenn es um hochkomplizierte Fachbereiche geht (das gilt übrigens auch für Viren und erst recht für Pandemien).

Das Ufer sieht nicht sonderlich einladend aus. Zelten ist auf der rechten Seite nicht möglich, da ich eine hohe Abbruchkante überwinden müsste, um auf eine Wiese zu gelangen. Und links befindet sich eine ewig lange Sandbank, die voller scharfkantiger Muscheln ist und schon gegen den Wind so stark nach Vogelscheiße stinkt, dass ich dort sicherlich nicht übernachten sollte.

Doch auch zwei Stunden später sieht der Rhein hier nicht anders aus. Also entschließe ich mich, doch auf der Sandbank zu übernachten und weiter oben unter Büschen zu schlafen. Dort gibt es immerhin keine Muscheln und weniger Vögel.

Ich schleppe ein paar angeschwemmte Bäume zur Seite, schneide Äste ab und habe somit sogar Schutz gegen den Regen, der heute Nacht kommen soll. Mein Zeltplatz ist nicht optimal, aber besser, als ich befürchtet hatte. Mein Brett lasse ich etwa 50 Meter entfernt in Wassernähe liegen. Hier kommt mit Sicherheit niemand hin, um es zu klauen. Hinter mir befindet sich eine Dickung, die den Zugang zum Ufer vom Land aus unmöglich macht. Und ein Boot könnte auch nicht in Ufernähe anlegen, da der Rhein hier viel zu flach ist. Die Fahrrinne ist mehr als 100 Meter entfernt.

Solche Abende in der Natur sind eine Mischung aus Wohligkeit und Einsamkeit.

NICHTS FEHLT MIR, UND ES LIEGT ETWAS IN DER LUFT, DAS MICH BESCHÜTZT.

Ich sitze auf meiner zerfetzten Picknickdecke vorm Zelt im Schneidersitz, habe das Laptop auf meinen Schoß gelegt, versuche mein Inneres in Buchstaben zu verwandeln und schaue immer wieder raus auf meinen Fluss, den Rhein. Vielleicht schaut er auch mich an, seinen Paddler. Diesen Typen, der seit mehr als zwei Wochen mit ihm zieht. Diesen Typen, der ständig zwischen unglaublichen Glücksmomenten und Abgründen schwankt. Der ständig Besuch bekommt und sich noch häufiger verabschieden muss. Der auf seinem Brett so wahnsinnig glücklich sein kann und dann wieder so verzweifelt. Der auf der einen Seite Gesellschaft braucht und sich dann wieder über das Alleinsein freut. Dieser Typ, der den Rhein liebt und hasst, sich selbst auch. Der nie auf der Stelle steht und trotzdem nicht vorankommt. Seltsamer Typ.

Mitten in der Nacht schrecke ich hoch. Ein riesiges Frachtschiff muss vorbeigefahren sein und hat so große Wellen ans Ufer gespült, dass ich hiervon wach werde. Ich reiße mein Zelt auf und erkenne schemenhaft, dass die Wellen tatsächlich viel höher gestiegen sind als noch am Tag. Ich renne runter zum Fluss und sehe erleichtert, dass mein Brett doch noch am Strand liegt. Ich zittere am ganzen Körper, mein Herz pumpt wie nach einem Wildwasserbad, und erst jetzt stelle ich fest, dass die Muscheln in meine Füße geschnitten haben.

OBERRHEIN

GERNSHEIM – MAINZ

Der erste Tag mit Gegenwind. Ständig wechsle ich zwischen Sitzen und Stehen. Doch kaum stehe ich, frischt der Wind wieder auf. Er spielt Katz und Maus mit mir. Egal – meine Moral ist wieder intakt. Ich lasse alles geschehen und kämpfe nicht dagegen an. Wozu auch? Dass der Wind immer gewinnt, weiß ich mittlerweile.

Kurz hinter Nierstein bin ich mit einer Redakteurin von SAT.1 verabredet. Sie arbeitet für *17:30 live aus Mainz* – eine Sendung, für die ich vor rund 25 Jahren als rasender Reporter im Einsatz war. Die Kollegin ist herrlich offen und erzählt, dass ein paar Leute von früher immer noch da seien. Unter anderem mein alter Chef, der jetzt bald in Rente geht. Ein weiterer Beweis, wie alt ich selbst geworden bin und dass ich schon lange nichts mehr mit meiner Jugend entschuldigen kann.

Von den Weinbergen Rheinhessens bietet sich ein weiter Blick auf den Fluss.

Die Kollegin dreht ein paar Bilder, führt ein kurzes Interview, und eine Viertelstunde später paddle ich weiter. Fernsehen ist so einfach geworden – und gleichzeitig so kompliziert. Wir haben damals noch auf Kassette gedreht und geschnitten. Die Möglichkeiten waren begrenzt, alles dauerte viermal so lange und war am Ende nur halb so gut. Heute ist alles längst digital, die Kameraarbeit und vor allem der Schnitt traumhaft einfach. Dafür muss die Redakteurin Social Media füttern, die Mediathek bestücken und einen Online-Artikel schreiben. Am Ende alles viel einfacher und doch so aufwendig. Könnte ich diesen Job heute noch machen? Vermutlich schon – aber ich würde es nicht mehr wollen: morgens um acht Redaktionskonferenz, Themen besprechen, recherchieren, rausfahren, drehen, interviewen, zurückfahren, schneiden, texten, vertonen, um dann meist in letzter Minute fertig zu werden und mit hochrotem Kopf aus dem Schnitt zu kommen. Nein – ich könnte es nicht mehr. Tagesaktuelles journalistisches Arbeiten ist nur etwas für junge Menschen oder abgezockte Alte. Beides trifft auf mich nicht zu.

Je näher ich Mainz komme, desto melancholischer werde ich. Nach einem erfolglosen Studium und einem abgebrochenen Volontariat in Saarbrücken war Mainz meine gefühlt letzte Chance, beruflich doch noch etwas zu erreichen. Mein Leben bestand damals Mitte der 1990er-Jahre vor allem aus Partys und wilden Exzessen in allen Richtungen. Aber da ich aus gutem Hause stamme, wusste ich immer, wie ich mich zu benehmen hatte, wenn es drauf ankommt. Also verkaufte ich mich offenbar anständig, als mich die SAT.1-Leute in ihrem Vorstellungsgespräch kennenlernen wollten. Ich hatte ihnen in meiner Bewerbung drei Beiträge geschickt, wovon ich zwei noch nicht einmal selbst gemacht, sondern schlicht von Kolleginnen kopiert und neu vertont hatte. Das muss sie überzeugt haben, denn sie boten mir eine Stelle als Redakteur für die unvorstellbare Summe von 4500 Mark an. Schon bald würde ich reich und berühmt sein!

Jeden Tag produzierte ich einen Beitrag für die SAT.1-Nachrichten, haute mehr Sendezeit raus als alle anderen. Zum ersten Mal in meinem Leben hatte ich das Gefühl, etwas Sinnvolles zu tun und mich dafür voll einzusetzen. Ich deckte Missstände auf, interviewte die, die das System hatte fallen lassen, stellte Politikern unbequeme Fragen und war tatsächlich auf dem Weg, ein ernsthafter Journalist zu werden.

Bin ich in Mainz erwachsen geworden? Habe ich hier meine Jugend verloren? Möglicherweise – aber es war gut so. Und höchste Zeit.

Mainz zieht in Zeitlupe an mir vorbei, ich paddle fast ohne Kraft, und mir fallen so viele Anekdoten von früher ein. Am Ufer des Rheins habe ich die Ministerpräsidenten Beck und Koch interviewt. Auf der Wiese neben dem Kanuverein hatte ich im Morgengrauen Sex mit einer Frau, deren Namen ich vergessen habe. In dem gewaltigen Turm der Eisenbahnbrücke war ich auf einer illegalen Technoparty und habe eine ganze Menge verbotener Substanzen zu mir genommen. Vom Sprung nachts in den Rhein ... weiß ich nichts mehr. Aber es gibt Zeugen, die fest behaupten, dass es dazu gekommen sei. Zum Glück passierte dies alles vor der Smartphone-Ära – ich wäre für immer bestechlich.

Aber Mainz bedeutet auch eine verkorkste Beziehung, zu viel Alkohol, die falschen Freunde und eine ganze Menge Kummer. Ich weiß noch genau, wie ich damals häufig am Rhein saß und das Gefühl hatte, mein Leben aus der Hand zu geben. Die Unbeschwertheit war weg, und *Vater Rhein* sollte sie mir zurückgeben. Stundenlang schaute ich aufs Wasser und fragte mich, was nur passiert ist. Im Nachhinein ganz einfach: Ich war mit der falschen Frau zusammen, habe zu viel getrunken und zu viel gearbeitet. Ich hatte mich verloren.

Zum Glück verließ ich nach vier Jahren die Stadt, ging nach München zur Sportsendung *ran* und hatte die beruflich beste Phase meines Lebens, denn ich hatte mein Hobby zum Beruf gemacht. Wenn das mit dem Profifußball schon nicht geklappt hat, dann wenigstens als Reporter.

Ich lasse mich unter den Mainzer Brücken hindurchtreiben. Sie haben mir früher einmal viel bedeutet. Auf ihnen fühlte ich mich dem Fluss am nächsten.

SO VIEL GESCHICHTE SPRUDELT UNTEN DURCH, WENN MAN AUF DEN RHEIN BLICKT.

So viel Prunk und Lebendigkeit. So viel Macht, Machtmissbrauch, Schlachten, Erfindungen, verbrannte Hexen, verrückt gewordene Kirchenoberhäupter. Doch das alles hat neben allem Unglück auch Schlösser,

Denkmäler, Bischofssitze, Dome und monumentale Prachtbauten hervorgebracht. Die Gegend ist prunkvoller als alles, was unser Land zu bieten hat.

Im Mainzer Stadthafen frage ich, ob es hier für mich eine Übernachtungsmöglichkeit gebe. Doch der junge Kerl in dem Poloshirt wimmelt mich sofort ab, meint, dies sei ein Privatsteg, hier könne man nicht einfach so festmachen, geschweige denn übernachten. Ob ich wenigstens mein Brett hier für ein, zwei Stunden liegen lassen könne, frage ich ihn. Bis 18 Uhr, wenn unbedingt nötig, ist seine Antwort. Dann würde er hier alles dichtmachen. So kenne ich die Mainzer: Sie können nur einmal im Jahr, im Karneval, lustig sein. Und Freundlichkeit ist den meisten hier abtrainiert worden. Woran das liegt, habe ich allerdings nie herausgefunden.

> UNSER WESEN IN ALL SEINEN FACETTEN BLEIBT IMMER GLEICH.

Ich treffe mich mit einem alten Freund und seinem Schwiegervater. Mit beiden habe ich meine ersten größeren Segeltörns gemacht. Sie haben den Grundstein für meine herrlichen Abenteuer auf den Meeren gelegt. Sofort ist die alte Verbundenheit wieder da – obwohl so viele Jahre seither vergangen sind. Unser Wesen in all seinen Facetten bleibt immer gleich. Es legen sich nur neue Schichten dazu oder alte fallen ab. Doch der Kern bleibt. Bis zum Tod.

Kurz vor 18 Uhr stehe ich vor dem abgesperrten Steg. Der Typ hat mich glatt sitzenlassen und mein Brett mit allem Gepäck im abgesperrten Hafengebiet liegen lassen. Die erste Tür kann ich ohne Probleme überklettern, doch die zweite ist nicht zu überwinden, ohne ins Wasser zu fallen. Am Steg legt ein Fahrschulboot an, und ich frage, ob man mich auf der anderen Seite an der Rampe abholen und zu meinem Brett fahren könnte. »Ungern«, sagt der Mann. »Warum?«, frage ich verblüfft. »Ich kann nicht einfach irgendwelche Leute hier auf die privaten Stege bringen.« Ich erkläre ihm, dass dort mein SUP liegen würde. »Da«, sage ich und zeige in Richtung des Stegs, wo mein Brett liegt. »Nein, das kann ich nicht machen«, sagt er und tuckert davon. Ich schwöre, diese Stadt nicht mehr zu betreten.

Jetzt muss ich also doch klettern. Ich kämpfe mich runter zur Uferbefestigung, baue mir mit zwei dicken Steinen einen Brückenkopf und gelange mit riesigen Schritten auf den Steg. Manchmal ist es von Vorteil, lange Haxen zu haben. Was für ein Unterschied zum letzten Hafen, wo ich mit offenen Armen empfangen wurde und gemeinsam mit Anton und Duncan auf dieser alten Schute schlafen durfte – ohne einen Cent zu bezahlen.

GEHÖRT COURAGE ÜBERHAUPT ZU DEN DEUTSCHEN EIGENSCHAFTEN?

Erleichtert verlasse ich Mainz. Hier habe ich zwar das Fundament für meine journalistische Karriere gelegt – aber glücklich war ich hier nie. Seit damals hat sich das Rheinufer vollständig verändert. Vor allem auf der linken Rheinseite stehen nagelneue funktionale Wohnblöcke, direkt am Ufer. Es ist immer die gleiche Bauweise, ob in Kiel, Köln, Dresden oder eben in Mainz. Es sind seelenlose Kästen, die für horrendes Geld an Neureiche mit wenig Stil und Geschmack verkauft werden.

Direkt dahinter liegt genau wie damals der Mainzer Industriehafen. Vor 25 Jahren noch eine Brache, jetzt ein Moloch mit gewaltigen Kränen für Dutzende von Containerschiffen. Unser Land blüht, es boomt. Hier kann man es sehen. Ein fein gestricktes System aus Logistik verteilt rund um die Uhr tagtäglich Produkte aus aller Welt in die Läden vor Ort oder in Internet-Lagerhäuser, damit wir immer und überall von allem alles kaufen können.

Ein paar Kilometer stromabwärts sehe ich einen Strand und einen Zeltplatz. Ich lege an, der Platz scheint aber ausgestorben. Nach einigem Suchen sehe ich drei Menschen vor einem Wohnwagen sitzen. Sie schauen mich misstrauisch an, scheinen aber schnell zu erkennen, dass ich zumindest kein Meuchelmörder bin, denn ihre Mienen entspannen sich. Sie hätten hier allerdings nichts zu sagen und könnten mir daher nicht einfach erlauben, mein Zelt aufzubauen. Ich sage, dass ich ein ganz harmloser und vor allem erschöpfter Reisender sei, der einfach nur sein Zelt aufbauen möchte und morgen wieder verschwindet. »Die Vereinsvorsitzenden reißen mir den Kopf ab«, sagt die Frau, zeigt mir dann aber doch die Dusche und die Toiletten. Könnte man das Zivilcourage nennen? Gehört Courage überhaupt zu den deutschen Eigenschaften? Eher nicht. Die Amerikaner sprechen von *German Angst* – einer Angst, die unterschwellig brodelt und Spontaneität oder Enthusiasmus unterdrückt.

Wenn ich mir Gedanken darüber mache, was uns Deutsche ausmacht, so muss ich immer wieder feststellen, dass dies schier unmöglich ist. Wir, das sind Schwaben, Badener, Rheinhessen, Rheinländer, Norddeutsche und so weiter. Jeder Schlag unterschiedlich und eigen. Die einen vorsichtig, die nächsten ängstlich, dann wieder offen und lustig. Die Frage ist nur: Woher kommen die Tendenzen? Warum sind Rheinländer eher fröhlich und Rheinhessen eher misstrauisch? Ist das historisch bedingt? Oder liegt das am Klima? An früheren Herrschern? Oder an der Industrie?

MAINZ – TRECHTINGSHAUSEN

Die ganze Nacht dröhnen Frachtschiffe den Rhein rauf und runter. Das Vibrieren ihrer zigtausend PS überträgt sich über das Wasser aufs Ufer bis hoch in mein Zelt. Doch nach mehr als zwei Wochen bin ich längst daran gewöhnt, schlecht zu schlafen. Dass Vater Rhein nicht nur romantisch, sondern vor allem industriell ist, war mir schon vorher klar. Es direkt vor Ort zu erleben ist trotz allem etwas anderes.

Bis zum Morgengrauen zirpen Grillen. Sie geben ein helles Zischen von sich und hören sich ganz anders an als ihre Artgenossen im Süden. Fieser, so als hätten sie sich der Gegend angepasst.

Seit dem Bodensee habe ich nicht einen einzigen Fisch gesehen. Noch nicht einmal einen toten am Ufer. Dabei soll es hier wieder Lachse geben, Zander, Barsche, sogar Hechte. Aber es stehen noch nicht einmal Angler am Ufer und versuchen ihr Glück. Kein gutes Zeichen. Die vielen Staustufen, die Verschmutzung vergangener Jahrzehnte, die Schiffbarmachung haben die Natur umgebracht. Für unsere Gesellschaft war und ist die Industrie wichtiger. Wie absurd! Unser System hat großartige Ingenieure und Wissenschaftlerinnen hervorgebracht, die in der Ausbeutung unseres Planeten grandios sind. Jetzt müssen sich die Zeiten wandeln, und wir brauchen Typen, die alles wieder gutmachen. Ein Teil von mir glaubt fest daran, dass dies gelingen wird. Und ein anderer Teil verzweifelt, wenn ich sehe, wie zerstört *Vater Rhein* ist.

STAUSTUFEN, SCHIFFBARMACHUNG UND VERSCHMUTZUNG HABEN DIE NATUR UMGEBRACHT.

Ich liege stundenlang wach, öffne vor Sonnenaufgang mein Zelt um einen winzigen Spalt und schaue ein paar Sterne an. Obwohl ich durch meine langen Segelreisen die meisten Sterne am Firmament kenne, reicht der Ausschnitt nicht, um sie zu benennen. Am Ende ist es auch egal, welchen Namen wir den Sternen geben, denn mit uns sterben auch ihre Namen aus. Die Sterne haben keine Ahnung, dass wir sie Sirius, Capella oder Beteigeuze getauft haben. Über diese Erkenntnis schwappen auch Gedanken über den Tod, über meinen eigenen Tod in meinem Zelt. Ich gönne mir diese Gedanken – sie gehören zum Leben dazu. Jeder von uns hat sein einzigartiges Leben zu leben, muss seinen Weg suchen und finden und am Ende auch seinen ganz individuellen Tod sterben. Für gewöhnlich blenden wir alle Gedanken an den Tod aus. Es ist fast verboten, über den eigenen Tod zu sprechen – oder zu schreiben. Schnell gilt man als suizidal oder zumindest depressiv. Dabei ist der Tod die natürlichste Sache der Welt. Genau wie die Geburt. Und gleichzeitig ein absolutes Wunder. Ich habe keine Angst vor dem Tod, denn ich weiß, dass es sich um eine Transformation handelt. Und sollte ich früher sterben als gewünscht, so will ich euch alle wissen lassen: Ich habe das bestmögliche Leben geführt, das mir in diesem Körper in diesem Zeitalter zur Verfügung stand. Besser hätte es nicht laufen können.

Seit vielen Kilometern hat der Rhein fast keine Strömung mehr. Und da erneut ein leichter Gegenwind bläst, komme ich nur schleppend voran. Oder bin ich so erschöpft, dass ich mich an diesen Zustand gewöhnt habe und ihn gar nicht mehr spüre?

MAINZ – TRECHTINGSHAUSEN

Warum bin ich eigentlich so erschöpft? So anstrengend ist Paddeln doch gar nicht! Auf meinen langen Touren auf der Donau und der Elbe spürte ich diese Erschöpfung längst nicht so stark. Liegt es am Rhein?

IST DIESER FLUSS SO ERSCHÖPFEND? SAUGT ER MICH AUS?

Ist es seine gewaltige Kraft, die an mir zehrt? Er ist nicht lieblich, wie andere Flüsse. Er ist gewaltig. Mächtig. Sein Sog ist unwiderstehlich. Vielleicht ist es das: Er zieht einfach alles mit sich. Auch Energie. Was er zurückgibt, ist ein dumpfes Gefühl von Trostlosigkeit. Er zeigt mir täglich, dass er länger fließt, als ich lebe. Und das scheint für mein Unterbewusstsein unerträglich zu sein. Es reagiert mit Resignation und Kleinmut. Erst wenn ich meine Endlichkeit voll akzeptiere, kann mir dieser Fluss Kraft zurückgeben. Wenn ich dagegen ankämpfe, saugt er mich leer, wie ein Säufer seinen letzten Gin Tonic.

Die Weinberge nehmen kein Ende. Zum Glück lebe ich seit vielen Jahren nüchtern und kann diesen angeblich edlen Tropfen rein gar nichts abgewinnen. Orte wie Eltville, Oestrich-Winkel oder Ingelheim scheinen nur vom Wein zu leben. Jeder Tourist kommt deshalb hierher. Jedes Schloss und jedes Kloster wurde zu Weinstuben umgebaut. Überall gibt es Güter und Wirtschaften, in denen Weintrinker sitzen und gute Gründe finden, ihrer Lust auf Rausch nachzukommen. Sie behaupten, Wein hätte mit Kultur zu tun, weil sie so gerne kultiviert wären. Doch wie unkultiviert ist es, sich mit Wein so wegzuschädeln, dass sie grölend und taumelnd am Ufer stehen und in den Rhein pissen?

Alles hier kommt mir historisch überfrachtet vor. Ich paddle an einem Kran aus dem 16. Jahrhundert vorbei, der von den Massen fotografiert wird, die Burgen und Schlösser hoch über dem Rhein sind noch älter, und auf den Hängen gedeihen die Weinreben, seit hier vor 2000 Jahren die Römer siedelten. Sie müssen es hier schöner gefunden haben als daheim in Italien – unvorstellbar.

OBERRHEIN

Nach langen drei Stunden erreiche ich Rüdesheim, mache neben Ausflugsdampfern fest und wandere kurz durch die Stadt, die berühmte Drosselgasse hoch, über den Marktplatz und wieder zurück. Ich habe das Gefühl, dass mich die Menschen anstarren – kein Wunder, mit meinem Bart, meiner wettergegerbten Haut, den Funktionsklamotten und vor allem barfuß. Aber es ist mir egal, denn ich bin gerne Fremder in einem fremden Land, dem Festland.

> ... ICH BIN GERNE FREMDER IN EINEM FREMDEN LAND, DEM FESTLAND.

Noch bin ich nicht daran gewöhnt, dass die Pandemie mit all ihren wirren Maßnahmen im Moment vorbei sein soll. Die Weinbars sind bis auf den letzten Platz gefüllt, die Menschen sitzen wieder eng an eng, als wäre nichts gewesen, und der Alkohol spült durch ihre Kehlen, als wäre er reines Wasser. Es ist erstaunlich, wie entfernt ich mich der Zivilisation fühle, denn ich bin gerade mal seit etwas mehr als zwei Wochen unterwegs. Doch vielleicht genügt diese Zeit schon, um sich zu entzivilisieren. Gleichzeitig konnte ich mit diesem Touristenkitsch, der hier in den Auslagen liegt und hängt, noch nie viel anfangen – mit diesen Wurzelmännlein, bunten Weinkrügen oder Faltkärtchen vom Rheinverlauf, die in irgendwelchen Fabriken in China oder Bangladesch hergestellt wurden. Auswüchse einer Welt, die wir schleunigst ändern sollten.

Ich bin so froh, nicht Teil der touristischen Massen zu sein oder mit einem dieser weißen Boote voller Rentner hier anzukommen. Ich bereise diese grandiose Gegend wie die großen Dichter und Maler vor 200 Jahren – nur nicht an Land, sondern auf dem Wasser, was diese Tour so besonders macht. Ich habe eine Perspektive auf das Rheingau, die Goethe, Hölderlin oder Turner nicht hatten. Dass sie noch beschaulicher unterwegs waren als ich und einen geschärften Blick für die Schönheit dieser Welt hatten, steht dennoch außer Frage.

Mein Handy klingelt, und Anton ist dran. Soll ich rangehen? Nicht abzuheben wäre feige und gemein, schließlich sage ich »Hallo«. Er fragt, wo ich sei – Rüdesheim. »Super«, meint er. Er bräuchte noch eine Stunde bis Rüdesheim. »Bis gleich.«

MAINZ – TRECHTINGSHAUSEN

Ich war fest davon ausgegangen, dass er schon längst in Köln oder sonstwo ist, so getrieben, wie er mir vorkam. Ich verspreche zu warten, obwohl ich auf seine Gegenwart hervorragend verzichten könnte. Gleichzeitig wartet ein gefährlicher Teil des Rheins auf mich: das Binger Loch. Hier ist SUP sogar verboten, weil die Strömung so heftig ist. Vielleicht ist es gut, gemeinsam diese Stelle zu passieren.

Erst seit den 1830er-Jahren ist das Binger Loch für größere Schiffe passierbar. Vorher mussten sie ihre Fracht entladen, alles über Land schleppen und das leere Schiff vorsichtig durch eine schmale Rinne manövrieren oder gegen den Strom ziehen. Dann wurde der Lorchstein weggesprengt, und aus dem reißenden engen Rhein wurde ein siebzig Meter breiter Strom – immer noch reißend. Aber jetzt konnten die Schiffe mit ihrer Fracht das Binger Loch passieren. Angeblich waren bis zu vierzig Pferde erforderlich, um die Schiffe über einen Pfad am Ufer den Rhein aufwärtszuziehen.

Kurz nach der Sprengung stellten die Mainzer fest, dass das Grundwasser gefallen war, und die Eichenpfähle, auf denen der Mainzer Dom

Rüdesheims mittelalterliches Flair zieht massenhaft Besucher an (Blick auf den Turm der Boosenburg, die heute zu einem Weingut gehört).

OBERRHEIN

stand, freilagen und anfangen würden zu verrotten. Also wurden am Binger Loch Buhnen und Wehre gebaut, um den Wasserspiegel wieder anzuheben.

Wenn es einen Gott gibt, so hoffe ich, dass er *Vater Rhein* immer wieder in die Arme nimmt und ihm Trost spendet. Was haben die Menschen ihm alles angetan? Eingezwängt, umgebaut, ausgebeutet. Wir behandeln den Rhein wie ein Kind, das zu viel Energie hat. Früher hätte man es wild sein lassen, heute diagnostiziert man ADHS, gibt ihm Ritalin und wundert sich, dass das Kind Jahre später völlig verkorkst ist.

Als Anton schließlich anlegt, freue ich mich doch, ihn zu sehen. Irgendwie ist er mir trotz seiner anstrengenden Art ans Herz gewachsen. Wir haben zusammen einige harte Stunden verbracht, und das schweißt zusammen. Wir gehen eine Kleinigkeit essen, Anton übernimmt wie immer das Reden mit einem Wortanteil von 99 Prozent … und ich die Rechnung. Voller Begeisterung erzählt er, dass noch zwei Freunde von ihm kommen. Sie erreichen abends Rüdesheim per Zug und wollen morgen gemeinsam weiterpaddeln. Ich muss also doch alleine durchs Binger Loch.

Seit fast 700 Kilometern steht mir diese Durchquerung bevor. Zu viele Menschen haben mich vor der Engstelle gewarnt, als dass ich vor diesem weltberühmten Ort keine »Manschetten« hätte. Es ist der Anfang des Rheintals durch das spektakuläre Schiefergebirge voller Burgen, Schluchten und Abgründen. Hier haben angeblich die Nibelungen ihren sagenumwobenen Schatz in den Rhein geworfen. Doch das Binger Loch hat nichts mehr mit dem Ungetüm von früher zu tun. Angeblich gab es hier eine gerade mal zwei Meter breite Stelle, durch die der gesamte Rhein schoss. Im Laufe der Jahrhunderte wurde diese Stelle immer weiter aufgesprengt, sodass jetzt sogar eine Passage für die Berufsschifffahrt möglich ist – allerdings ohne Gegenverkehr. Per Funk wird besprochen, wer das Loch zuerst durchqueren darf, wobei Schiffe mit dem Strom natürlich Vorfahrt haben, da sie nicht bremsen können.

MAINZ – TRECHTINGSHAUSEN

Mir zittern die Knie, als ich lospaddele. Nach ein paar hundert Metern nimmt die Strömung erheblich zu. Ich versuche, möglichst weit rechts zu bleiben, um ein bisschen weniger Tempo zu machen und den wirren Strudeln in der Flussmitte zu entgehen. Schon von Weitem sehe ich, dass eine künstliche Buhne weit in den Rhein hineinragt, um den Strom zu bremsen und aufzustauen. Also muss ich doch in die Schifffahrtslinie ausweichen und mache sicherlich 15 bis 20 km/h. Obwohl das Wasser wie von einem unterirdischen Mixer gequirlt wird, fühlt sich mein Brett sicher an. Es wird leicht nach links und rechts gezogen, ohne mir allerdings das Gefühl zu geben, nicht Herr der Situation zu sein.

Ich paddle wieder weiter nach rechts, raus aus der Schifffahrtslinie und sehe, dass das Wasser extrem flach wird. Plötzlich sehe ich direkt neben mir einen Felsen nur wenige Zentimeter unter der Wasseroberfläche. Ich hatte so etwas an dieser Stelle wegen der erheblichen Verwirbelungen vermutet, war aber doch erschrocken, wie nah ich dem Fels gekommen bin. Hätte ich ihn getroffen, wäre ich mit Sicherheit gekentert und hätte eine weitere Finne verloren – meine letzte.

Noch etwa hundert Meter bis zur engsten Stelle. Ob ich mich besser setzen sollte? Aber ich fühle mich im Stehen auf meinem SUP am sichersten, sage mir immer wieder, dass ich Surfer bin und mit weitaus schlimmeren Bedingungen zurechtkommen müsste als diesen lächerlichen Verwirbelungen.

Bin ich schon durch? Vermutlich. Die engste Stelle liegt jetzt hinter mir, aber der Fluss blubbert noch, als würden unter Wasser irgendwelche Riesen sitzen und im Whirlpool planschen – oder entsetzliche Blähungen ausstoßen.

> DER FLUSS BLUBBERT NOCH, ALS WÜRDEN RIESEN IN IHM PLANSCHEN.

Als sich der Strom endlich beruhigt, fällt eine riesige Last von meinen Schultern. Von jetzt an dürfte ich paddlerisch keine größeren Herausforderungen mehr zu erwarten haben. Als am rechten Ufer ein Campingplatz mit einem kleinen Strand zum Anlegen auftaucht, halte ich drauf zu und ziehe mein Brett an Land. Für heute muss es reichen.

OBERRHEIN

Vor dem Campingplatz verläuft ein Weg, und ich frage einen älteren Herrn, der vor seinem Gartenzaun unter seiner Deutschlandflagge mit einem elektrischen Rasenmäher steht, ob es in Ordnung sei, wenn ich hier mein Zelt aufschlagen würde. Er meint, der Weg würde zum Bereich der Wasserschutzpolizei gehören, was so viel bedeutet, dass das Gebiet wohl allen gehöre und man dort sicherlich eine ruhige Nacht verbringen könne. Ich bin überrascht und dankbar, denn meine Erfahrungen mit den Menschen in diesem Landstrich ließen Vertreibung befürchten. Dann mäht der Mann weiter den Weg der Wasserschutzpolizei mit seinem elektrischen Rasenmäher und meint, dass mein Zelt sicherlich noch nie so einen frisch gemähten Platz vorgefunden hätte. Glaubt er tatsächlich, dass ich so einen kurz gestutzten Rasen super finde? Ahnt er nicht, dass mir eine wilde Wiese viel lieber ist?

Kaum steht mein Zelt, kommt ein junger Kerl mit seinem Mops vorbei und sagt, dass die Leute hier teuer für den Campingplatz bezahlen, während ich mich hier einfach breitmachen, im Weg stehen und vor allem keinen Cent bezahlen würde. Er müsse jetzt extra um mein Zelt herumgehen. Da mein Zelt nur die Hälfte des Wegs einnimmt, ist der Umweg sicherlich überschaubar. Ich frage ihn, ob ich seine Campingplatzgebühren übernehmen solle – ernsthaft, das würde mir nichts ausmachen, im Gegenteil. Aber er winkt genervt ab und murmelt Schimpfworte.

Als es langsam dunkel wird – mittlerweile ist es schon gegen acht Uhr –, rede ich noch kurz mit meinem Nachbarn. Warum hängen auf Campingplätzen eigentlich immer Deutschlandfahnen, will ich wissen. Aber er hat darauf keine Antwort. Warum er denn eine hingehängt hätte? Er guckt verdutzt nach oben. »Ach so, die. Nee. Die ist noch von unserem Vorbesitzer. Sieht man ja. Ganz zerfetzt, das gute Stück.«

Am nächsten Morgen bestelle ich ein einfaches Frühstück im Camping-Bistro. Obwohl alle Tische frei sind, setzt sich ein älterer Herr zu mir, was mich freut, denn wir Traveller traveln ja, um uns auszutauschen. Er erzählt, dass er schon über 80 Jahre alt sei und ebenfalls bis an die Nordsee wolle. Und das mit einem Fahrrad, mit dem ich noch nicht mal einen Kilometer fahren wollen würde. Aber diese alte Generation hat noch andere Werte. Sein Herkules-Rad sei aus Stahl, erzählt er. Es begleite ihn schon seit mehr als 30 Jahren, habe eine Dreigangschaltung, die nie kaputtgehen könne. Das Herkules habe sich mittlerweile perfekt seinem Körper angepasst – oder umgekehrt.

Immer wieder erstaunt es mich, wenn vor allem ältere Männer meinen, anderen ein Gespräch aufdrücken zu dürfen. Sie reden ausschließlich von sich und scheinen sich kein Stück für das Gegenüber zu interessieren. Es findet kein Austausch statt, sondern ein einseitiges Schwallen mit dem offenkundigen Anliegen, bewundert zu werden. Diese Menschen sind wie Radios, die nur den Sendemodus kennen, aber keine Funktion für Aufnahme besitzen. Schade eigentlich.

Als ich aufgegessen habe, verabschiede ich mich, obwohl der Mann noch mitten im Satz ist. Auf Reisen werde ich radikal – mit allen Vor- und Nachteilen.

Als ich gerade mein Zelt zusammenbaue, radelt der Mann an mir vorbei. »Was ist das denn?«, fragt er entgeistert und zeigt auf mein SUP. Ich erkläre ihm meine Art der Fortbewegung, und er fragt mich – fast verärgert, warum ich ihm das nicht erzählt hätte. »Habe ich versucht. Ich kam aber leider nicht zu Wort.« Aber auch dies kann er nicht aufnehmen und schwadroniert von den großartigen Möglichkeiten des Reisens und wen er nicht schon alles kennengelernt hätte.

Dann wünscht er mir eine gute Reise und radelt davon. Ich bin mir sicher, dass er zu Hause erzählen wird, was für tolle Menschen er kennengelernt hätte und wie großartig das Reisen ist.

An diesem Morgen liegt wieder Nebel auf dem Rhein. Solange die Sonne noch nicht hinter den Burgen hervorlugt, sieht diese Welt aus wie vor vielen hundert oder tausend Jahren, denn der Dunst verschluckt sanft und lautlos alles Zivilisatorische.

Ich verstecke mein Brett und die Taschen hinter einem Busch und klettere zur Burg Rheineck hoch. Sie ist die letzte in wesentlichen Teilen erhaltene Höhenburg am Rhein, auch wenn sie mehrfach abgebrannt und wieder aufgebaut wurde. Der Blick von hier oben ist umwerfend und zeigt noch einmal, wie verrückt es ist, mit einem SUP den gesamten Rhein paddeln zu wollen. Dieser Fluss erscheint so groß und majestätisch, dass ich vor meiner eigenen Courage Angst bekomme.

Mittelrhein

VON TRECHTINGSHAUSEN BIS KÖNIGSWINTER

Auf einem Felseninselchen im Rhein thront Burg Pfalzgrafenstein. Die bei Kaub errichtete Zollburg aus dem Mittelalter gehört zu den wenigen Bauten am Rhein, die fast original erhalten sind.

Mittelrhein

»Wenn du ein Schiff bauen willst […], so lehre die Menschen die Sehnsucht nach dem weiten, endlosen Meer.«
Antoine de Saint-Exupéry

TRECHTINGSHAUSEN – SPAY

Von Anfang an machte dieser Fluss etwas mit mir – und ich warte seit Wochen auf eine Eingebung, dieses Etwas benennen zu können. Jetzt sitze ich an der Loreley, habe mein Brett auf einen kleinen Sandstreifen genau gegenüber diesem berühmten Felsen gezogen und starre nach oben. Eigentlich müsste mich der betörende Gesang einer Zauberin verwirren und in die Fluten und damit ins Verderben treiben. Aber ich höre einfach nichts.

Vielmehr fallen mir Heinrich Heines Zeilen ein: *Ich weiß nicht, was soll es bedeuten, dass ich so traurig bin.* Das ist es! Heine hat es gespürt. Und ich spüre es auch. Dieser Fluss macht traurig, weil er uns unsere Vergänglichkeit vorführt. Es gab den Rhein schon ewig, und es wird ihn ewig geben. Mit *ewig* meine ich, vor und nach der Menschheit.

Es fühlt sich an wie die Sehnsucht nach einem Zuhause, das ich nie hatte. Oder das ich vor vielen, vielen Leben vielleicht einmal besessen und längst verloren habe. Ein Gefühl der Nostalgie nach vergangenen Orten, an die ich nie zurückkehren kann. Als würde ein Echo aus der Vergangenheit über diesem magischen Teil des Rheins liegen und mich zu sich rufen, und nur unsere Seele könnte sich daran erinnern. Dieses Echo liegt im Wind, in den Felsen und Burgen, in den Gräsern und Steinen und natürlich im und über dem Fluss selbst. Es ist nirgendwo zu finden und doch überall präsent. Die Vergangenheit ist nicht vergangen. Sie wabert hier immer noch über den Fluss und seine Landschaften: in Ruinen, Erzählungen, Gefühlen.

AN ORTEN WIE DIESEN IST DIE VERGANGENHEIT FAST LEBENDIGER ALS DIE GEGENWART.

Hier flackert die Energie der alten Zeit, als führe sie ein Eigenleben und beeinflusse somit unser Handeln und unseren Glauben. Unter diesen Ruinen habe ich das feste Gefühl, dass alles vorbestimmt ist.

Habe ich entschieden, hier zu sein? Haben Sie entschieden, dieses Buch zu lesen? Was für schrecklich unbequeme Fragen, die wir niemals beantworten werden können. Dafür reicht der Horizont des Homo Sapiens leider nicht aus. Was würde es für unser Leben bedeuten, wenn wir von Erinnerungen befallen werden, die gar nicht unsere sind? Wenn unser Verhalten aus der Vergangenheit oder der Zukunft gelenkt werden würde? Oder von einer ganz anderen Sphäre? Wissen zukünftige Generationen mehr über dieses Phänomen? Grüßt ihr mich aus der Zukunft? Oder woher kommen diese Gedanken?

Schon als Kind haben mich seltsame Gedanken gejagt, und ich traute mich nie, sie zu äußern. Aus Angst vor Spott. Aus Angst, diese Ideen wären unhaltbar. Doch jetzt mit über 50 ist mir Spott egal. Ich will solche Gedanken nicht mehr einschränken. Sie wollen raus und bedacht werden.

Dieser Fluss ist ein gewaltiges Schauspiel, das sich permanent verändert und doch immer gleichbleibt. Und wir sind vorübergehend Zeugen

MITTELRHEIN

Loreleyfelsen: Von hier aus soll laut Sage eine wunderschöne Zauberin mit ihrem betörenden Gesang Rheinschiffer ins Verderben gelockt haben.

dieser Einzigartigkeit und Schönheit und schauen mit bewegtem Blick auf dieses Flussphänomen und ahnen, dass jeder Tropfen dieses Flusses mehr bedeutet als dieses eine Menschenleben, das wir zur Verfügung haben. »Warum ist es am Rhein so schön?«, ist die berühmteste Frage, die je über einen Fluss gestellt wurde. Und ich habe die Antwort: *Vater Rhein* löst eine seltsam schöne Traurigkeit in uns aus. Er zeigt uns, dass wir vergängliche Wesen sind und gleichzeitig unendlich glücklich und dankbar sein dürfen, überhaupt Wesen zu sein und dies zu erkennen. Vielleicht zeigt uns der Rhein auch, dass wir trotz unserer Vergänglichkeit und dieser Traurigkeit unsere präsente Lebendigkeit spüren dürfen, um Demut und Bescheidenheit zu lernen. Ich sitze auf dem Sand und bin traurig und glücklich zugleich. Vielleicht gibt uns der Rhein die Erlaubnis, zerrissen zu sein.

> **VATER RHEIN LÖST EINE SELTSAM SCHÖNE TRAURIGKEIT IN UNS AUS.**

Dutzende von Burgen sind an mir vorbeigerauscht. Sie stehen da seit tausend Jahren. Einige sind gerade noch als Ruinen zu erkennen, und andere wurden von reichen Menschen renoviert und sind sogar bewohnt. Aus meiner Mainzer Zeit erinnere ich mich an die verrücktesten Namen: Drachenfels, Katzenelnbogen, Maus, Stahleck, Sonneck, Ehrenfels. Unter den Burgen liegen Straßendörfer, eingezwängt zwischen steinigem Ufer, Bahntrasse, Landstraße und steilen Felsen. Möchte man dort wohnen? So nah am Rhein und doch so bedrängt.

Als ich in Mainz lebte, habe ich fast jedes Wochenende an diesen Burgen verbracht. Sie übten eine unglaubliche Anziehungskraft auf mich aus, denn ich war mir sicher, dort in einem früheren Leben gewohnt oder zumindest die Energien meiner Vorfahren gespürt zu haben. Heute würde ich sagen: alles Einbildung. Oder die Sehnsucht eines jungen Mannes, der noch nicht ganz auf dieser Welt und in seinem aktuellen Leben angekommen ist. Gleichzeitig: Es gibt mehr zwischen Himmel und Erde, als wir uns vorstellen können.

Schon immer hat mich dieser Fluss bewegt, und mein Grundgefühl zum Rhein war stets diese Traurigkeit. Wie oft saß ich am Ufer und blickte auf die Strudel und die Strömung – immer mit einem gewissen Ernst, einer Schwermut. Jedes Mal, wenn ich mit dem Auto oder dem Fahrrad über den Rhein fuhr, wollte ich den Moment ganz bewusst wahrnehmen. Mir klar machen, dass ich gerade den großen *Vater Rhein* überquere und ein klein wenig seiner Kraft abbekommen könnte.

Und jetzt paddle ich seit Hunderten von Stunden auf diesem Fluss und trage nur ein Gefühl in mir: das der Vergänglichkeit und der damit verbundenen Traurigkeit – fast Trauer, denn es geht um die Endlichkeit des Lebens und damit um die Konfrontation mit dem Unvorstellbaren, dem eigenen Tod. Aber dahinter verbirgt sich auch ein diffuses Gefühl, dass alles gut sein wird – selbst, wenn wir sterben, ist alles in Ordnung. Vielleicht geht es danach in einer uns unvorstellbaren Form oder Dimension weiter.

Da fällt mir ein Witz ein. Fragt ein Zwilling den anderen im Mutterleib: *Meinst du, es gibt ein Leben nach der Geburt?*

Der Ritt bis zu diesem Moment auf dem Rhein war entbehrungsreich und schwierig. Gerade die letzten Kilometer vor der Loreley waren äußerst ruppig und anstrengend. Der Rhein hat noch einmal Fahrt aufgenommen, die Verwirbelungen und Strömungen sind weitaus heftiger als im Binger Loch, und die Frachtschiffe kommen bis auf wenige Meter ans Ufer gefahren, um mit dem Heck gerade noch die Kurve zu kratzen. Für mich und mein Brett bleibt fast kein Platz zwischen Containerstahl und Uferbefestigung. Je größer die Schiffe, desto stärker ihre Sogwirkung – sie saugen das Wasser an und spucken es danach in Wellen wieder aus. Zum Glück wusste ich nicht, wie gefährlich dieser Teil des Rheins ist, sonst hätte ich mir wochenlang Gedanken und Sorgen gemacht und hätte diesen schönsten Teil meiner Reise gar nicht richtig genießen können.

So aber rauschen diese gewaltigen Felsen mit ihren schiefen Abbruchkanten an mir vorbei. Dazwischen quetschen sich Weinberge und mittelalterliche Dörfer in die dunklen Schluchten. Fast sieht es aus wie in einem Urwald, so dicht ist die Vegetation und so grün. Zu beiden Seiten fahren Züge wie in einer Miniaturwelt durch Tunnel und unter schrägen Felsen hindurch. Ich zähle die Waggons – bei 130 höre ich auf. Gibt es wohl ein Gesetz, das die Länge eines Zuges begrenzt?

Direkt daneben Bundesstraßen zu beiden Seiten und auf dem Fluss ein Frachtschiff nach dem anderen. In diesen engen Schluchten zeigt sich wieder, warum der Rhein die wichtigste Wasserstraße unseres Kontinents ist mit seinem nicht enden wollenden Strom an Gütern.

Was haben wir diesem Tal angetan? Wir haben es durchlöchert, planiert, begradigt, befestigt – und doch bleibt dieser Teil des Flusses unwiderstehlich anziehend. Immer wieder kehren meine Gedanken zurück zu Heine: *Ich weiß nicht, was soll es bedeuten, dass ich so traurig bin.*

Ich mache spontan ein Facebook live und muss mich zusammenreißen, nicht loszuheulen, so bewegt bin ich von dieser Landschaft und der Traurigkeit, die sie in mir auslöst. Zu gewaltig ist dieser Fluss, zu groß seine Geschichte, als dass ich hierüber ein paar klare, gültige Gedanken fassen könnte. Fast überkommt mich Mutlosigkeit, weil es doch unmöglich ist, diesen Fluss zu greifen, zu be-greifen. Und dann denke ich wieder, dass es nur diesen einen Augenblick gibt: das Jetzt. Das, was ich hier und jetzt erlebe, ist alles, was wirklich existiert. Mehr kann ich in diesem beschränkten Menschenleben nicht aufnehmen. Alles jenseits davon existiert nur in unseren Köpfen, während die Vergangenheit wie Fäden in unsere Gegenwart zieht und die Zukunft wie ein Sog davorsteht. Wenn ich schon nicht mich in diesem unendlichen Augenblick begreifen kann, wie soll mir das mit dem Rhein gelingen?

> **DANK SEINER GRANDIOSITÄT IST DIESER FELSEN ZU EINER KULISSE VERKOMMEN.**

Ein Passagierdampfer fährt vorbei. An Deck erklingt das *Loreley-Lied* von Heinrich Heine, die Passagiere stoßen mit Sekt an und schauen nach oben auf diesen Felsen, vor dem wir so viel Ehrfurcht haben. Vielleicht ist das alles auch völlig übertrieben, und ich sitze in einer Theaterkulisse und lasse mir von meinem Unterbewusstsein ein Schauspiel präsentieren über Traurigkeit, Ungeheuer und blonde Maiden mit güldenem Geschmeide, die den Schiffern zu schaffen machen. Dank seiner Grandiosität ist dieser Felsen zu einer Kulisse verkommen. Ein überschwänglicher Bühnenbildner hat hier einen Zauber entstehen lassen, der längst verblasst ist und den nur noch Tagestouristen uneingeschränkt ertragen können. Täglich fahren hier Hunderte von Booten vorbei, noch mehr Züge donnern beidseitig durch das enge Tal. Von den Autokolonnen ganz zu schweigen. Früher soll es hier sogar ein fantastisches Echo gegeben haben. Doch auch das haben die Menschen weggesprengt, um Tunnel, Gleise und Bahnen zu bauen. Scheiß auf die Rheinromantik – sie ist zu Tode bereist. Wurde zu viel besungen und gemalt, verbaut und begradigt. Das Ganze ist von einem Naturschauspiel zu einem Theaterstück verkommen.

Wie gut, dass ich alleine hier bin und diesen Moment mit niemandem teilen muss. Denn am Vormittag bin ich Anton mit seinen beiden Freunden begegnet. Sie pausierten hinter einer der Rheininseln, an denen ich vorbeikam, und paddelten begeistert auf mich zu. Der eine Freund, ein gutmütiger »Bär«, der andere ein aufgedrehtes »Äffchen«. Der Bär mit Haaren überall, außer auf dem Kopf, das Äffchen mit Piercings in beiden Mundwinkeln, was ihm sicherlich etwas Diabolisches verleihen soll, von Weitem aber aussieht wie Essensreste oder Wunden. Schon morgens wippten Joints in ihren Mundwinkeln, was sie nicht davon abhielt, recht aktiv und offen zu sein. Anton muss in hohen Tönen von mir geredet haben, denn sie begrüßten mich respektvoll, fast demütig.

Wir paddelten ein Stück zusammen; die ersten Bierflaschen ploppten, und ich wusste gleich, dass ich nicht lange mit den Jungs paddeln werde. Der Bär ist Elektriker, das Äffchen Koch. Beide sind fest angestellt, sicherlich gute, zuverlässige Mitarbeiter. Es ist die Krux der Arbeiterklasse: Sie trauen sich selten in die Selbstständigkeit und haben kaum den Mumm, gegen ihre ausbeuterischen Chefs zu rebellieren. Das Äffchen verriet mir, dass es 2100 Euro verdient – als Koch, mit voller Ausbildung, zu katastrophalen Arbeitsbedingungen. Aber die Konditionierung ist zu stark: Wir Deutsche sind gute Arbeiter, gründlich und loyal. Und weil so viele Menschen in unserem Land diese Einstellung haben, funktioniert der Laden. Noch – denn die Schere klafft immer weiter auseinander, und die Politik schafft es nicht, einen vernünftigen Mindestlohn durchzusetzen oder eine angemessene Mindeststeuer für Firmen einzuführen.

Da fällt mir ein: In knapp zwei Wochen sind Wahlen, und es gibt nur eine Partei, die wirklich neue Impulse setzen könnte. Aber diese Partei hat sich leider selbst ins Knie geschossen. Gleichzeitig streben wir einer merkellosen Zeit entgegen und könnten eine Politik bekommen, die nicht nur Probleme bekämpft, sondern Visionen entwickelt und umsetzt.

TRECHTINGSHAUSEN – SPAY

Ein wunderbarer Charakterzug von uns Deutschen ist Bodenständigkeit – kein anderes demokratisches Land hatte 16 Jahre lang ein- und dasselbe Regierungsoberhaupt. Die Generation unserer Eltern (zumindest die Kohl- und Merkel-Wähler) lebte für gewöhnlich an einem Ort – von der Geburt bis zum Tod. Erst in meiner Generation änderte sich das. Wir zogen weg – die meisten möglichst weit, hielten aber Kontakt, denn es bestand immer die Möglichkeit, zurück in die Heimat zu ziehen, was einige meiner alten Freunde dann auch machten. Sie heirateten sogar untereinander, gründeten rein lippische Familien und leben jetzt wieder in Detmold. Und wenn ich zurück in meine Heimat fahre und die alte Bande treffe, ist es fast wie früher. Und zwei Tage später bin ich fast euphorisch, die Lipper wieder hinter mir zu lassen.

In meinen Zwanzigern und Dreißigern lebte ich an rund zehn verschiedenen Orten. Meine Bodenständigkeit glich der einer Wolke. Je weiter ich wegzog, desto freier und wohler fühlte ich mich. An jedem neuen Ort entdeckte ich mich selbst, kam mehr zu mir, erlebte die ganze Fülle

Aussichtspunkt Spitznack: Aus 200 Metern Höhe bietet sich ein atemberaubender Blick auf den Fluss und den Loreleyfelsen.

der Möglichkeiten eines einzigen Lebens. Jetzt lebe ich seit 15 Jahren in Kiel und finde es unerträglich, dass mehr als die Hälfte meiner Zeit auf Erden vorbei sein dürfte und mir nur ein Leben zur Verfügung steht.

Wenn ich je die Möglichkeit kriegen sollte, mich persönlich bei Gott zu beschweren, dann darüber: Warum hast du uns nur dieses eine Leben geschenkt? Warum gabst du uns diese menschliche Beschränkung? Wieso müssen wir so etwas wie Reinkarnation erfinden, damit wir diese Begrenztheit ertragen können? Du hat uns eben nicht nach deinem Ebenbild erschaffen – denn du kannst acht Milliarden Menschenleben gleichzeitig leben und wir nur eines. Du unersättlicher Egoist, du!

Meine drei Begleiter haben ihr ganzes Leben in Wuppertal verbracht. Warum auch wegziehen?, meinte das Äffchen gestern. Außer Wuppertalern wird es sicherlich nur wenige Menschen geben, die diesen trostlosen Ort verteidigen würden. Ich war einmal in Wuppertal und fand die Hochbahn recht beeindruckend. Ansonsten hatte ich den Eindruck, dass man es dort nur aushält, wenn man grauen Putz mag, Vereinsmeier ist oder vom Austausch mit Partnerstädten träumt, die dann doch immer frustrierend ablaufen und man glücklich ist, dort nicht zu Hause zu sein.

Anton redet wie immer ohne Pause, entweder setzt er sich dabei in Szene oder er macht unsere Welt schlecht und setzt sich somit ebenfalls in Szene. Denn wer alles schlecht findet, tut so, als wäre er etwas Besseres. Die Jungs finden nie in einen vernünftigen Paddelrhythmus, denn ständig müssen Joints gedreht werden, Bierdosen geöffnet, es muss gegessen oder gelabert werden.

Auf einer Felseninsel im Rhein machen wir kurz Rast. Hier steht die Burg Pfalzgrafenstein, eine alte Zollstation. Sie ist wunderschön bunt angestrichen und liegt am Fuße des imposanten Schlosses Stolzenfels. Auf der anderen Rheinseite die Burg Lahneck. Allein diese drei wären ein Weltkulturerbe wert.

TRECHTINGSHAUSEN – SPAY

DOCH ES GIBT 50 WEITERE SOLCHER BURGEN AM RHEIN, ALS HÄTTE HIER FRÜHER EIN WETTBEWERB STATTGEFUNDEN.

Auf der Pfalzburg im Rhein treffen wir drei weitere Paddler. Auch sie haben bereits Alkohol am Hals – es ist halb elf Uhr früh. Sie bimmeln sich richtig schön einen rein. Ihr Getränk: Sekt, allerdings in Abwechslung mit Bier. Es wird ausführlich übers Paddeln gefachsimpelt und sich gegenseitig die Welt erklärt. Also lasse ich die sechs hinter mir.

Seit Jahren passe ich nicht mehr in diese Männerwelt; diese Welt, die anderen ständig alles erklären muss. Die alles besser weiß. Die ihre Gefühle hinter Fachkenntnis versteckt. *Mensplaining*-Opfer sind nicht nur Frauen, sondern auch Männer wie ich, denen alles *explained* wird. Nach 100 000 Kilometern auf Flüssen und Meeren muss man mich nicht darauf hinweisen, dass Brückenpfeiler eine Gefahr darstellen. Vor allem nicht zwanzig Minuten lang.

Nach einer knappen halben Stunde setze ich mich ab mit der Begründung, ich sei ja sowieso der Langsamste auf meinem Brett. Also lasse ich die sechs hinter mir, um endlich meinen Rhythmus zu finden. Stundenlang paddle ich durch eine der schönsten Landschaften unserer Republik. Eine Biegung vor der Loreley kommt mein Lieblingsort: eine Stelle oben auf den Felsen, die völlig unbekannt ist, obwohl sie nur einen Kilometer von der Loreley entfernt liegt. Über einen verschlungenen Weg gelangt man an den Rand der Felsen auf eine Wiese, die ohne Abgrenzung an den Abgrund führt. Es geht sicherlich hundert Meter steil nach unten, und der Rhein zieht in seiner ganzen Macht und Herrlichkeit tief unten durch. Zum ersten Mal sehe ich diese Stelle vom Wasser aus und weiß, dass ich bald mal wieder nach oben muss, um eine Nacht unter den Sternen und über dem Rhein zu verbringen.

Die Strömung ist weiterhin gewaltig. Ich treibe mit mehr als 10 km/h an dieser Landschaft vorbei, die nach der Loreley ein bisschen an Wucht verliert, denn die Felsen werden flacher, runder, die Dörfer ausladender und weniger geduckt, bis sie schließlich aussehen wie jeder Ort im Land und ein Discounter auftaucht. Ich kaufe schnell Wasser und ein paar Kleinigkeiten, setze mich auf mein Brett und lasse mich an Boppard vorbeitreiben. Eine Blaskapelle spielt in einem Zelt, die Uferpromenade ist voller Menschen, doch ich bin heute scheu. Bin zu bewegt von der Loreley und der Erkenntnis über meine Traurigkeit.

Aber ein Foto von Boppard sollte ich schon machen, greife an meine rechte Tasche und stelle mit Entsetzen fest, dass mein Handy verschwunden ist. Linke Tasche – nichts. Im Rucksack – nichts. Ich bekomme Panik. Die weltlichen Probleme haben mich sofort eingeholt. Ich paddle hektisch ans Ufer, durchsuche mein gesamtes Gepäck und finde dieses verfluchte Handy einfach nicht. Es muss mir aus der Tasche gerutscht und im Rhein gelandet sein. Aber das hätte ich doch gehört! Oder nicht? Habe ich es beim Einkaufen liegenlassen, als ich bezahlt habe? Ich ziehe mein Brett an Land und jogge die drei Kilometer zurück zum Discounter. Kein Handy. Ich gehe runter zum Ufer, wo ich mein Brett geparkt hatte. Nichts. Das Ding ist tatsächlich weg. Nicht zu fassen. Und das auf so einer Tour, wo ein Handy aus verschiedenen Gründen essenziell wichtig wäre – oder auch nicht, denke ich mir, während ich zurückjogge. Schließlich haben wir Menschen hunderttausend Jahre ohne überlebt.

> OHNE HANDY LEBE ICH AUSSERHALB JEDER KONTROLLE.

Zu jeder Situation gibt es drei Seiten: eine positive, eine negative und eine lustige. Ich versuche immer die letztere zu wählen. Das einzig Unlustige ist, dass ich auf Anton und seine Kumpels warten muss, um meinen Liebsten Bescheid zu geben, dass ich ab jetzt ohne Handy unterwegs bin. Ich entdecke eine Wiese direkt neben einem Zeltplatz und beschließe, dort zu warten.

Ohne Handy erkenne ich gut, wie mir die Digitalisierung meine Freiheit raubt. Durch die permanente Netzabdeckung gewinne ich zwar an Effizienz, komme auf dem schnellsten Weg ans Ziel und kann im Notfall Hilfe holen. Gleichzeitig raubt mir der digitale Knochen das Gefühl der totalen Unabhängigkeit, der Unerreichbarkeit. Ohne Handy gewinnt der Zufall an Kraft, und meine Offenheit für das Unerwartbare steigert sich erheblich. Ohne Handy lebe ich außerhalb jeder Kontrolle. Ich möchte nicht Teil von *Big Data* sein und der verrückt gewordenen Konsumgesellschaft dienen, ohne dass ich wüsste, welche meiner Daten für welche Verkaufsstrategie verwendet werden.

Auf dieser Rheinreise bewege ich mich in einer Welt ohne Politik, ohne Religion, ohne Technologie und ohne Information. Ohne Vernetzung. Ich lebe in einer rein natürlichen Welt und bin so nah dran an meinem wahren Selbst wie nie zuvor. Ich bin wieder Nomade, Urmensch – so wie meine Vorfahren vor vielen Generationen. Ich denke weniger, handle instinktiver und kann somit nichts mehr falsch machen.

> **ICH BIN WIEDER NOMADE, URMENSCH – SO WIE MEINE VORFAHREN VOR VIELEN GENERATIONEN.**

Kurz vor Sonnenuntergang treffen Anton und seine beiden Freunde ein, überraschend nüchtern, friedlich und zufrieden. Vielleicht war ich zu streng mit ihnen, denn in meinen jüngeren Jahren war ich nicht anders und habe Alkohol über Jahre missbraucht. Seit 15 Jahren trinke ich keinen Schluck mehr und weiß, dass ich nie wieder in dieses alte Leben zurückkehren möchte.

Während ich auf solchen Touren auf Sparflamme laufe und äußerst spartanisch lebe, haben die Jungs Nahrung für einen halben Kanuverein mitgebracht und tischen groß auf. Knabberzeug, Vorspeisen, zum Hauptgericht Nudeln mit einer hervorragenden selbst gemachten Sauce und zum Nachtisch Muffins. Sie teilen alles mit mir, als wäre ich ein alter Freund. Zur Verbundenheit ziehe ich am Ende des Tages sogar mehrfach an den kreisenden Joints und bin schon nach wenigen Zügen so platt, dass ich mich auf meine Isomatte lege und glücklich und ein bisschen dumm in die Sterne schaue.

MITTELRHEIN

SPAY – KÖNIGSWINTER

Es geht bei meinen Abenteuern nie um Leben und Tod. Es geht viel mehr darum, in intensiven Erlebnissen meine Lebensfähigkeit zu beweisen, wobei Schwarzmaler meine Antriebskraft sind.

Eine Freundin fragte mich vor der Reise ernsthaft, ob ich nicht einfach mal ein normales Leben führen könne. Ich war so perplex über diese Frage, dass mir keine vernünftige Antwort einfiel. Jetzt weiß ich, was ich hätte antworten sollen: »Du meinst, so normal wie dein Leben? Ein Leben, das daraus besteht, sich über die Türschilder im Büro aufzuregen? Mails zu verschicken, dass morgen der Systemservice kommt? Die Verantwortung für den Schlüssel zum Erste-Hilfe-Schrank zu tragen? So ein Leben meinst du?«

Mich stört der Gedanke nicht, dass mein Reisen auch eine Fluchtbewegung ist. Lieber abheben, als auf einem Bürosessel zu kleben und täglich unglücklicher zu werden. Was wissen diese Menschen vom Leben, wenn sie einen viel zu großen Lebensanteil in Büros oder Praxen vergeuden? Die seit ihrer Jugend nur durchgebuchte Reisen unternehmen? Die von Kreuzfahrten berichten, als hätten sie dort ein echtes Abenteuer erlebt?

Noch vermisse ich unsere Zivilisation nicht. Mein Zelt reicht mir als Schlafstätte. Kühlschrank, festes Dach, ordentliche WCs oder gar ein Auto brauche ich nicht, denn in meinem Zelt herrscht eine Gemütlichkeit, die es in keinem gemauerten Haus geben kann. Nur Strom ist auf solchen Reisen immer ein Problem. Für diese Zeilen benötige ich mein Laptop, das ich täglich aufladen muss. Doch häufig lande ich abends wie jetzt im Nirgendwo und schreibe, bis der Computer ausgeht und ich mitten im Sa…

> **ICH HABE EIN RECHT DARAUF, AUF MICH ZU ACHTEN UND DINGE ZU TUN, DIE MIR GUTTUN.**

Heute früh putzt sich Anton die Zähne mit Bier. Den Joint hat er kurz zu Boden gelegt. Ich will mir diesen Menschen nicht länger antun und werde ihn heute ein zweites Mal und endgültig verlassen müssen. Ich habe ein Recht darauf, auf mich zu achten und Dinge zu tun, die mir guttun.

SPAY – KÖNIGSWINTER

Am Deutschen Eck bei Koblenz vereinen sich Rhein und Mosel. Hier ließ Kaiser Wilhelm II. seinen verstorbenen Großvater mit einem Denkmal verewigen.

Nach einem üppigen Frühstück paddeln wir gemeinsam gute zwanzig Kilometer bis Koblenz, wo wir Rast machen. Die Jungs brauchen Currywürste zur Stärkung, wir bewundern das Deutsche Eck und dieses bedenklich scheußliche Reiterstandbild von Wilhelm I. – und dann ist es wirklich Zeit für mich zu gehen. Ich paddle schon mal vor, sage ich, und weiß genau, dass sie mich nicht einholen werden. Es sind gute Jungs, liebe Jungs. Aber ich bin zu weit weg von Alkohol, Joints und Currywürsten, als dass ich weiterhin gemeinsam mit ihnen paddeln wollen würde. Viel zu lange habe ich selbst ein toxisches Leben geführt und alles dafür getan, da rauszukommen. Es täte mir auch körperlich weh, weiter mit den Jungs zusammenzubleiben.

MITTELRHEIN

Dies ist meine Reise, dies ist mein Fluss, erst recht seit der Loreley. Ich mach mein Ding. Je älter ich werde, desto leichter fällt es, mir zu folgen. Vielleicht werden wir im Alter deshalb immer kauziger.

An wie vielen Orten komme ich vorbei, ohne etwas von ihnen mitzunehmen oder zu wissen. Aber dies ist eine Reise über den Rhein und eine Sammlung an Geschichten, die mir begegnen. Was mir nicht begegnet, soll unerzählt bleiben oder später entdeckt werden. Oder auch nicht. Völlig egal.

Hinter Remagen steigen gewaltige schwarze Türme aus dem Wasser. Es sind Brückenköpfe aus einer Welt, die zum Glück untergangen ist: Überbleibsel des Zweiten Weltkriegs und all seiner unerträglichen Brutalität. Die Brücke sollte im März 1945 von deutschen Soldaten gesprengt werden, um die Amerikaner vor dem Rhein zu stoppen. Doch die Sprengung lief schief, da zu wenig und noch dazu schlechtes Sprengpulver eingesetzt wurde. Die verantwortlichen deutschen Offiziere wurden wegen Feigheit von einem fliegenden Standgericht zum Tode verurteilt und sofort erschossen. Viele Tausend Amerikaner überquerten die Brücke mit schwerem Gerät, bevor sie zwei Wochen später zusammenbrach und Dutzende GIs mit in den Tod riss. Zum ersten Mal gelangten die Amerikaner damals über den Rhein und beendeten nur zwei Monate später den Zweiten Weltkrieg und somit auch die Herrschaft des grausamsten Regimes aller Zeiten.

Die Brücke wurde nie wieder aufgebaut. Von all dem Schrecken und Töten und Grauen sind diese massiven rußschwarzen Pfeiler links und rechts des Rheins übriggeblieben. Für wenige Tage tobte hier der Krieg und verbreitete all den Gräuel, den wir uns heute nicht mehr vorstellen können. Lauter Kerle wie ich, wie meine Brüder, wie meine Freunde, die täglich um ihr Leben kämpften. Für den letzten Dreck. Wie hielten die das jeden Tag aus? Ich bewege mich ja schon ohne Krieg am Limit.

Vor vielen Jahren habe ich den Film *Die Brücke von Remagen* gesehen und werde nie vergessen, wie einer der amerikanischen Soldaten unter Maschinengewehrbeschuss auf die Brücke rennt, um die Sprengkabel zu kappen – und überlebt. Fifty-fifty Überlebenschance, höchstens. Und das alles, um ein fremdes Land zu besiegen und die Welt vom Faschismus zu befreien. Was für Helden. Was für großartige Männer und Frauen. Und wir? Ich? Schon ein verlorenes Handy bringt mich aus der Fassung.

Wie viele Leichen hat der Rhein geschluckt? Wie viele Bomben, Kanonen und Gewehrkugeln hat er einstecken müssen? Wie viel Blut, wie viele Trümmer, wie viele Träume sind hier untergegangen? Aber der Rhein fließt ungerührt weiter. Nichts ist mehr zu sehen von damals – außer den Türmen. Der Terror und die persönlichen Schicksale sind mit dem Fluss der Zeit unsichtbar geworden. Und wenn ich heute an den schwarzen Pfeilern vorbeipaddle, ist alles friedlich. Nur mein Wissen über das Grauen spukt in meinem Kopf herum.

> **WIE VIEL BLUT, WIE VIELE TRÜMMER, WIE VIELE TRÄUME SIND HIER UNTERGEGANGEN?**

Die Gewohnheit, ein Handy in der Tasche stecken zu haben, ist noch längst nicht abgelegt. Wie auch – nach einem Tag ohne das Ding? Ständig denke ich, dass ich Fotos schießen, Freunden Nachrichten schicken oder Facebook checken müsste. Manchmal greife ich sogar an die Tasche und stelle erschrocken fest, dass diese leer ist. Ab und zu verspüre ich sogar ein Phantomvibrieren am Oberschenkel und greife nach meinem Handy. Offensichtlich brauchte ich dringend mal eine digital-mobile Pause.

Weiterhin bleibe ich seltsam scheu, möchte Pause machen und halte doch nicht an. Die schönsten Dörfer ziehen an mir vorbei, und ich bleibe auf meinem Brett, obwohl ich langsam erschöpft bin. In Unkel halte ich schließlich an – die Aussicht auf ein Eis lockt mich zur Rast. Außerdem ist hier Willy Brandt gestorben – doch davon ist nichts zu spüren. Der Rhein hat alles weggewaschen.

Mittlerweile sprechen die Menschen rheinländisch. Ein Dialekt, den ich mit guter Laune und Gesellschaft verbinde. Es ist Sonntagnachmittag, die Touristen nutzen das außergewöhnlich gute Wetter, und das hübsche Örtchen blüht ein letztes Mal für viele Monate auf. Ich hole mir in einer Bäckerei Kaffee und Kuchen, zum Nachtisch noch ein Eis.

Es ist herrlich, dass ich auf solchen Touren so viel essen kann, wie ich mag, denn ich werde die verbratenen Kalorien nach acht Stunden auf dem

Brett durch kein sündhaftes Essen dieser Welt wieder reinholen. Lange sitze ich auf dem Marktplatz von Unkel und schaue mir die Leute an. Die meisten sind Tagesausflügler, sie wirken entspannt und glücklich. Vermutlich haben sie heute früh ihr Zuhause verlassen und freuen sich schon auf den Abend, wenn sie wieder heimelig auf ihren Sofas sitzen.

> ICH BIN SO GERNE ALLEINE ZURZEIT UND SEHNE MICH GLEICHZEITIG NACH NÄHE.

Auch ich wünsche mir Heimeligkeit, tröste mich aber mit meinem Zelt. Dort ist es auch gemütlich. Dort fühle ich mich mittlerweile zu Hause. Aber manchmal male ich mir ein Leben aus, in dem ich nicht ständig unterwegs bin und mir die Heimeligkeit nicht in der Natur schönreden muss, sondern ein richtiges Zuhause habe. Vielleicht sogar mit einer kleinen Familie. Vielleicht so wie früher, als wir Kinder waren. Aber wenn ich mir diese Situation genauer vorstelle, wünsche ich mich wieder weg von der Heimeligkeit, rein in die Natur, ins Abenteuer. In ein Leben, in dem nicht alles vorbestimmt und planbar ist.

Ich beschließe, auf einem Campingplatz zu schlafen, da ich gerne WLAN hätte, um meinen Lieben und der restlichen Welt zu verkünden, dass es mir gut geht. Also halte ich kurz vor Königswinter an einem Zeltplatz an, ziehe mein Brett auf die glitschigen Steine und klettere eine schräge Befestigungsmauer hoch. Oben sitzt ein Pärchen im Rentenalter auf einer Bank und beobachtet mich. Sie fragen neugierig, wo ich denn herkäme – »aus dem Rhein«, antworte ich und wir lachen.

Da der Zeltplatz leider kein WLAN hat – die Dame meinte, man müsse sich hier noch analog unterhalten –, gehe ich zurück zu meinem Brett, um weiterzupaddeln. Das Pärchen von vorhin sitzt immer noch auf der Bank und fragt, ob der Zeltplatz voll wäre. Ich erzähle mein Handy-Dilemma und von meinem dringenden Wunsch nach WLAN. Die beiden schauen sich an, und sie sagt spontan: »Wissen Sie was? Wir wohnen in Königswinter, das sind noch fünf Kilometer, direkt am Rhein. Wenn Sie mögen, können Sie bei uns übernachten.« In meinem Gehirn blitzen die Gedanken von einer Ecke in die nächste: ein richtiges Bett? Eine warme Dusche? Ein echtes Klo? Vielleicht sogar Nahrung und gute Gespräche mit offensichtlich zivilisierten Menschen? Aber kann ich so ein Angebot überhaupt annehmen? Doch bevor ich das Angebot zerdenke, antworte ich spontan: »Das wäre ganz großartig.« Die beiden lachen, beschreiben mir die Stelle, an der ich aussteigen muss, und radeln schon mal vor.

Auf dem Rhein kreisen meine Gedanken weiter umher. Hätte ich das Angebot lieber ablehnen sollen? Ich bin so gerne alleine zurzeit – und sehne mich gleichzeitig nach Menschen, nach Austausch, nach Nähe. Rechts sehe ich ideale Schlafmöglichkeiten unter Bäumen auf einer herrlichen Wiese direkt am Rhein. Soll ich da vielleicht mein Zelt aufschlagen? Aber ich kann die beiden jetzt unmöglich sitzen lassen. Oder bereuen sie ihre spontane Idee vielleicht auch? Doch schon ist die Wiese an mir vorbeigezogen, und hinter der nächsten Biegung taucht Königswinter auf. In meinem Kopf treibt dieser schreckliche Ohrwurm sein Unwesen: *Es war in Königswinter. Nicht davor. Und nicht dahinter.* Ich summe still vor mich hin und merke, dass diese Zeilen auf mysteriöse Art für gute Laune sorgen.

Schon von Weitem sehe ich das Pärchen auf der Promenade von Königswinter stehen und winken. Ich lege vorsichtig an, während sie über eine Treppe ans Wasser runtergehen. Gemeinsam schleppen wir mein Gepäck die steile, glitschige Steintreppe hoch auf die Promenade. Als wir die Straße überqueren, sehe ich schon das offene Garagentor. Sie wohnen tatsächlich in erster Reihe am Rhein. Was für ein Luxus. Was für ein Glück – für die beiden und für mich.

Das Haus stammt aus der Jahrhundertwende und gehört zu diesen Schmuckstücken am Fluss, bei denen ich mich immer frage: Wer da wohl wohnt. Jetzt weiß ich es: Conny und Hans. Sie geben mir die untere von vier Etagen, den ehemaligen Kinderbereich, jetzt Enkelkinderzone. Ich bräuchte bestimmt eine Dusche und dann könne ich gerne hochkommen, es würde sich schon etwas zu essen finden.

Ich kann mein Glück nicht fassen, stehe so lange unter der heißen Dusche, dass es schon fast unhöflich ist, ziehe mein letztes sauberes T-Shirt an und gehe nach oben. An den Wänden hängen Bilder aus allen Epochen, Statuen schmücken den Flur, Bücherregale voller alter großer Schinken, Bildungsbürgertum in seiner schönsten Form, und die beiden sitzen ganz bescheiden an einer langen Tafel und haben mir Brote geschmiert. Genau, wie ich es liebe. Dass ich keinen Alkohol trinke, wird zum Glück überhaupt nicht thematisiert.

Hans war Ministerialrat in Bonn, hat sich mit Kohl, Genscher und Blüm rumgeärgert, wenn diese mal wieder mit Sonderwünschen ankamen, denn Hans war unter anderem für die Architektur der Bonner Republik zuständig. Dabei wählte er heimlich Grün, was er natürlich niemals hätte kundtun dürfen – sonst wäre es nichts geworden mit der Karriere als Ministerialrat. Wenn Helmut Kohl zum Beispiel am gleichen Pult stehen wollte, an dem Schäuble sitzen musste, konnte es schon mal zu Reibereien kommen, und Hans musste sich was einfallen lassen: Tischler engagieren, Kohl beschwichtigen, den Wahnsinn von der Öffentlichkeit fernhalten. Denn der Riese Kohl wollte sich nicht zum Pult oder Mikro runterbeugen, und der arme Schäuble in seinem Rollstuhl musste ja auch irgendwie ans Mikro kommen.

Auch am Umzug nach Berlin und den gewaltigen Neubauten rund um den Reichstag war Hans mitbestimmend beteiligt. Er erzählt, was alles schiefgelaufen ist – auch Dinge, die die Öffentlichkeit nie erfahren hat. Er gibt mir nur ein paar Stichworte, die ich nicht ganz in den Zusammenhang setzen kann und hier lieber nicht erwähne, denn er hat es mir im Vertrauen erzählt, ohne dies explizit zu erwähnen. Auf jeden Fall wurden Hunderte von Millionen in den Sand gesetzt – schlimmer als beim Flughafen Berlin oder der Elphi in Hamburg.

Ich frage Hans, warum er nie in die Politik gewechselt ist, denn er scheint das Spiel ja zu durchschauen. Doch er winkt sofort ab. »Sieh mal«, sagt er in seinem rheinischen Dialekt und sieht dabei ein bisschen aus wie Jupp Derwall – verschmitzt, hochintelligent und trotz aller Erfolge bescheiden: »Du hast da Gremien, in denen mittlerweile sechs verschiedene Parteien sitzen. Alle wollen was anderes und keiner die einfachste Lösung. Du feilschst um Dinge, die eigentlich völlig klar sind, und kriegst trotzdem keinen Konsens, weil sich eine Partei aus machtpolitischen Gründen dagegenstellt, obwohl sie eigentlich deiner Meinung ist. Also musst du vom Ergebnis abweichen, einen faulen Kompromiss ausarbeiten und dann ein Papier unterschreiben, was absolut nicht die Ergebnisse bringen wird, die dringend notwendig wären. Das würde mich wahnsinnig machen.« Das verstehe ich und würde genau deshalb ebenfalls nie in die

Politik gehen (es sei denn, man würde mir den Posten des Bundesdrogenbeauftragten geben). »Und nach der Wahl nächste Woche haben wir 800 oder sogar 900 Abgeordnete. Wo soll das hinführen? Da hat der Schäuble mal wieder total versagt. Er hätte eine Wahlreform einleiten müssen und hat's nicht hingekriegt. Höchste Zeit, dass die alte Riege abtritt!«

Man sieht Hans seine Autorität noch an. Er macht einen hochkompetenten Eindruck und ist einer dieser Typen, die unsere Republik im Hintergrund geformt haben, ohne dass je ein Mensch etwas davon mitbekommen würde. Er ist so diskret, dass er noch nicht einmal zu googeln ist. Hans braucht kein Rampenlicht und keinen Wikipedia-Eintrag. Er stand hinter der Bühne und zog ganz vorsichtig und achtsam die Strippen – auch wenn das viel zu negativ für jemanden wie Hans klingt. Für mich verkörpert er den typisch deutschen Charakter alten Schlags: loyal, gründlich, unbestechlich, integer, praktisch. Und vor allem eins: anständig. In allen Lebenslagen.

Conny erzählt vorm Zubettgehen noch, dass ihr SUP früher das Motorrad war. Sie seien mit ihrer dicken Maschine quer durch Europa gereist, einmal sogar mit Verteidigungsminister Struck.

DAS SCHÖNSTE AUF DIESEN REISEN SIND DIE BEGEGNUNGEN.

»So wie jetzt. Die kleinen, kurzen Treffen mit Menschen, die einem ganz schnell ans Herz wachsen.« Sie schaut mich lange an, und ich bekomme eine Gänsehaut. »Danke, dass du unsere Einladung angenommen hast. Schlaf schön.«

Wie schon in Duncans Wohnung schlafe ich schlecht und unruhig. Ich scheine weichen Matratzen und Daunendecken entwachsen zu sein. Die halbe Nacht wälze ich mich herum, frage mich, wo ich eigentlich hingehöre, was ich nach dieser Reise machen will, ob ich nicht irgendwann doch ein geregeltes Leben führen sollte und so ein schönes Haus wie das von Hans und Conny haben möchte, in einer Kleinstadt, in der ich mich wohl fühle, eine Familie gründen, um meine Liebe für das Leben auf ein paar wenige Menschen zu kanalisieren.

Niederrhein

VON KÖNIGSWINTER BIS REES

Kontrastprogramm im Abendlicht: Kranhäuser-Kulisse vor dem altehrwürdigen Kölner Dom.

Niederrhein

*»Mir ist die Welt lieber
als eine Beschreibung von ihr.«*
Roland Topor

KÖNIGSWINTER – LEVERKUSEN

Es ist immer riskant, seine Träume zu verwirklichen. Wenn man sich selbst besser kennenlernt und dadurch verändert, kann es schnell passieren, dass sich das gewohnte Umfeld ebenfalls verändert. Einige Menschen passen dann nicht mehr so gut zu diesem neuen Ich. Aber dieser Preis ist es wert – denn es ist viel riskanter, seinen eigenen Weg nicht zu gehen und nicht herauszufinden, wer man wirklich ist. Wehe, man liegt auf dem Sterbebett und hat mehr Chancen versiebt als ergriffen. Hans und Conny hätte ich ohne das Erfüllen dieses Traums nie kennengelernt. Was für ein Glück. Was für eine Chance, die ich an den Hörnern gepackt habe.

Da ich morgens nichts essen kann, verabschiede ich mich zeitig von Conny und Hans. Wir umarmen uns lange und herzlich am Ufer des Rheins und versprechen, uns eines Tages wiederzusehen. Spätestens wenn dieses Buch erscheint, werde ich nach Bonn fahren und es den beiden schenken.

Zum Glück bin ich heute wieder mit einem Facebook-Freund auf dem Rhein verabredet, denn nach einem Tag in Gesellschaft, in einem richtigen Haus mit warmer Dusche und Daunendecke, fällt es mir erfahrungsgemäß schwer, alleine weiterzupaddeln und meinen Rhythmus zu finden.

Heute begleitet mich der SUP-Guru Peter Rochel. Wir kennen uns seit Jahren digital – er hat mit mir zwei Podcasts vor und nach meiner Donaureise gemacht. Außerdem haben wir schon häufiger telefoniert und Mails ausgetauscht. Er gehört zu diesen unaufdringlichen, intelligenten Typen, die mir sofort sympathisch sind.

Sein Podcast A-Frame und seine SUP-Online-Academy sind in Deutschland die bekanntesten Medien und Portale zum Thema Stand-up-Paddeln. Was Peter anpackt, wird erfolgreich. Er wohnt in Köln und hat in seinem Leben zig Firmen gegründet, YouTube-Kanäle, Podcasts und Blogs ins Leben gerufen. Ein Allrounder, der sich mit Bitcoins auskennt,

Bonn zieht ganz friedlich an mir in der Morgensonne vorbei ...

Finanzbuchhaltung beherrscht und Wassersport in allen Disziplinen draufhat. Er ist jemand, der sich ganz tief in Themen reinkniet, diese dann vollständig durchblickt, sie aber schnell wieder langweilig findet und sich dem nächsten Thema zuwendet. Bei mir ist das anders: Ich weiß, dass ich technische Themen von Anfang an öde finde, und würde mich nie so tief in sie hineinbegeben wie Peter. Ich bin viel mehr Leseratte und Schreiberling, liebe es unkompliziert und praktisch. Zusammen ergänzen Peter und ich uns ziemlich gut.

Während wir Königswinter hinter uns lassen, erzählt Peter, dass er immer versucht hat, mit verschiedenen Unternehmen oder Personen zu fusionieren, um gemeinsam etwas Größeres aufzubauen: Aus A + B mach C. Und C soll verdammt nochmal größer sein als A und B zusammen. Aber jedes Mal sei er an der deutschen Mentalität gescheitert. »Die haben alle Angst, dass man ihnen etwas wegnehmen könnte. Sie verstehen nicht, dass wir gemeinsam stärker sind. Und so wurschteln die Kleinen weiter vor sich hin und werden am Ende von den Großen geschluckt. Die haben's nämlich begriffen beziehungsweise von den Amerikanern gelernt.«

Als Leiter der SUP-Academy hat Peter den erwartungsgemäß guten Paddelstil. Er wechselt nur alle zwanzig bis dreißig Schläge die Seite, steht im leichten Surferschritt auf dem Brett und scheint sich überhaupt nicht anstrengen zu müssen, mit meinem Tempo mitzuhalten. Schließlich bin ich seit fast 1000 Kilometern unterwegs und top in Form. Peter ist keineswegs durchtrainiert und hängt mich trotzdem ab.

> **BONN ZIEHT AN UNS VORBEI,
> DIESES SELTSAME ÜBERBLEIBSEL EINER
> KLEINSTADT MIT WELTPOLITIK.**

Der Kanzlerbungalow ist vom Wasser aus leider nicht zu erkennen. Er liegt irgendwo hinter Hecken und Stacheldrähten. Die ehemalige Bundeshauptstadt, die sich jetzt zum Trost Bundesstadt nennen darf, liegt ganz unschuldig da in der Morgensonne, und man ahnt nicht, dass hier jahrzehntelang die wichtigsten Politiker aus aller Welt zu Gast waren und Geschichte geschrieben haben. Vom Wasser aus sehe ich die Museumsmeile mit dem Haus der Geschichte, Bundeskunsthalle, Villa Hammerschmidt.

ES IST VERMUTLICH NICHT LEICHT FÜR DIE BONNER, SO IN DER VERSENKUNG ZU VERSCHWINDEN UND NUR NOCH IRGENDEINE STADT AM RHEIN ZU SEIN.

Zum Mittagessen legen wir in einem kleinen Hafen zwischen Bonn und Köln mit exquisitem Restaurant an. An den ersten beiden Tischen sitzt eine Rentner-Rudermannschaft, die mehrere Tage auf dem Rhein unterwegs ist. Sie sprechen uns direkt an, wo wir herkämen und was unser Ziel wäre. Als ich Rotterdam sage, können sie meine Geschichte gar nicht glauben. Im Stehen? Den ganzen Rhein? Nicht zu fassen. »Sie müssen ja Oberarme haben wie die Walz aus der Pfalz!«, ruft eine Frau in den Sechzigern, die eine Kapitänsbinde am Arm trägt. Meint sie Altkanzler Kohl oder den Fußballer Hans-Peter Briegel? Ist mir in dem Moment egal, denn sonderlich muskulös bin ich noch nie gewesen. Ich lache einfach mit den Ruderern und freue mich über diese Rheinländer mit ihrer fröhlichen, offenen Art. Allein der Dialekt löst bei mir schon gute Laune aus.

Die Truppe ist in einem offenen Zehner-Kanu für drei Tage unterwegs. Von Mannheim nach Köln. Sie schlafen in Kanuvereinen entlang des Rheins. »Wir Paddler halten ganz gut zusammen«, erzählt die Anführerin. »Jeder Verein bietet Mitgliedern anderer Vereine eine Beherbergung. Deshalb sind wir Wanderpaddler so viel unterwegs. Es ist immer für eine gute Infrastruktur gesorgt, da es auf jedem Gewässer Vereine mit brauchbaren Gebäuden gibt.« Ich erzähle, dass ich in meinem alten Kanuclub in Mainz angerufen hätte, ob ich dort übernachten dürfe, aber recht unwirsch abgewürgt wurde – als Stand-up-Paddler. »Ach, die Mainzer«, sagt ein Mann am Kopfende. »Die sind halt ein bisschen *anderster* wie die anderen.«

Auch die Kellnerin ist so locker und lustig, dass ich kaum glauben kann, dass gerade mal 200 Kilometer südlich, in Mainz, die Menschen noch völlig anders als die anderen waren. Rheinhessen und Rheinländer – die sollen beide einem Volk angehören? Wie soll ich je eine Antwort darauf finden, wie wir Deutsche sind? Spätestens jetzt sollte ich diese Suche aufgeben und die Frage umformulieren. Nicht: Wer sind wir, sondern: Was ist unser gemeinsamer Nenner?

Während Peter und ich jeweils einen riesigen Salat essen, treibt ein morscher Ponton an uns vorbei. Darauf hockt ein Tier, das eine Mischung aus Biber und Bisamratte zu sein scheint. Peter erklärt mir, dass es sich um eine Nutria handelt. »Die Dinger sind irgendwann aus Südamerika eingeschleppt worden und machen sich jetzt im ganzen Land breit. Aber die meisten überstehen unsere harten Winter nicht und werden so immer wieder stark dezimiert. Früher wurden die Biester gezüchtet, weil ihr Fell gut verarbeitet werden konnte. Aber jetzt sind sie einfach nur noch Fremdlinge in unserer Welt.« Peter kennt sich mit allem aus. Es scheint kein Thema zu geben, in dem er nicht Experte ist. Und trotzdem wäre er niemals arrogant oder würde anderen Menschen ein Gefühl der Überlegenheit vermitteln.

Es stinkt nach Benzin. Wir paddeln an Deutschlands größter Raffinerie vorbei: Wesseling. Hier laufen kilometerlange Rohre kreuz und quer am Rhein entlang, voller Benzin, Öl und Chemie. Ein Wirrwarr aus Pipelines und Leitungen versorgt unser Land, damit wir mobil sind und vorankommen. Ich erinnere mich an Skandale vor ein paar Jahren, weil die Pipelines mittlerweile marode sind und lecken. Tonnenweise lief Kerosin in den Boden und bildete einen unterirdischen See. Bis heute ist nicht geklärt, wie die Schweinerei behoben werden könnte. Und während Politik und Industrie über diesen Benzinsee streiten, tropft mit Sicherheit an anderer Stelle das nächste Leck vor sich hin, bis es jemand außerhalb der Industrieverbrecher bemerkt und die nächste Umweltsauerei geregelt werden muss. Meist müssen wir Steuerzahler hierfür aufkommen, und die Giganten kommen ungeschoren davon – schließlich bieten sie Arbeitsplätze, und das ist in Deutschland die beste Entschuldigung, für unsägliche Schweinereien nicht korrekt belangt werden zu können.

Südlich von Köln quert eine kleine Fähre den Rhein. Sie hat nichts mit den professionellen Fähren stromaufwärts zu tun. Das *Krokodil* ist viel kleiner und schäbiger als die Profis aus dem Süden. Den verrosteten

KÖNIGSWINTER – LEVERKUSEN

Kahn steuert ein alter Mann mit Bart und heruntergekommenen Klamotten. Wir legen neben dem *Krokodil* an, denn ich möchte zu gerne die Geschichte dieses Menschen hören.

Heiko ist schon fast 80 Jahre alt, seit mehr als 40 Jahren Fährschiffer auf dem Rhein – und das ohne amtliche Genehmigung. Ursprünglich wollte die Stadt Köln hier nämlich in eine professionelle große Fähre investieren, scheiterte aber an sich selbst und klammen Kassen. Heiko hatte davon gehört und sein 20 Meter langes *Krokodil* als Übergangslösung angeboten. »Nichts hält länger wie'n Provisorium«, sagt er und lacht. Mittlerweile hat er drei Schiffe hier liegen. Das *Krokodil*, eines als Ersatz und eines zum Wohnen mit seiner Frau.

> **NICHTS HÄLT LÄNGER ALS EIN PROVISORIUM.**

Eigentlich möge er keine Paddler, erzählt Heiko ehrlich. Die würden nicht wissen, was sie tun. »Aber bei euch hab' ich gleich gesehen, dass ihr's drauf habt.« Woran man das denn erkennen könne, frage ich. »Schon die Körperhaltung sagt alles. Außerdem haltet ihr genügend Abstand, weil ihr wisst, wie schnell das hier auf dem Rhein gehen kann.« Heiko spricht so heftiges Kölsch, dass ich Mühe habe, ihn zu verstehen.

Angeblich angelt er jedes Jahr mehrere Paddler aus dem Fluss, die mit ihren Kanus oder SUPs die Kraft des Rheins unterschätzen würden. »Gerade bei Hochwasser ist mit dem *Vadda* nicht zu spaßen«, sagt er. »Aber es ist ja Spätsommer und zum Glück Niedrigwasser.«

Seit Jahren suche er einen Nachfolger – aber heutzutage sei niemand mehr willens, harte Arbeit zu leisten. Denn die Fährschifffahrt sei harte Arbeit. Bootsreparaturen, kein Urlaub, ständige Bereitschaft. Irgendwann könne man da einfach nicht mehr. »Letztes Jahr hatte ich noch einen Lehrling hier. Aber den konntste vergessen. Ständig krank oder einfach nicht da. Und plötzlich ganz verschwunden.«

Heiko würde uns ja auf einen Kaffee aufs Wohnschiff einladen, aber da sähe es gerade ziemlich wüst aus. Und außerdem hasse seine Frau Überraschungen.

Nach langen Stunden auf dem Brett zieht Köln an uns vorbei. Es ist einer der erhabenen Momente meiner Rheinreise. Als ich den Kölner Dom sehe, bekomme ich einen Kloß im Hals. Er ist für mich das bauwerkliche Symbol dieses Flusses. Kein Gebäude könnte je schöner sein, mehr die Stimmung des Rheins verkörpern.

Man male sich aus, der Kölner hätte gebrannt und nicht Nôtre-Dame. Was hätte der Verlust dieser Kirche für uns bedeutet? Jetzt ahnen wir vielleicht, wie es den Franzosen seit dem Brand ihres Nationalheiligtums geht.

Köln ist nicht dafür bekannt, eine hübsche Stadt zu sein. Das geben sogar eingefleischte Kölner zu. Aber diese Stadt hat ein Flair wie keine andere in Deutschland und noch dazu einen Dialekt, der so unseriös klingt, dass man mit Menschen diesen Schlags niemals Geschäfte machen wollen würde oder als Politiker ernstnehmen könnte.

In Köln hole ich mir endlich ein neues Handy. Da die Prozedur länger dauert, setze ich mich in ein Straßencafé und schaue mir die Kölner an. Die einzige Millionenstadt am Rhein ist Anlaufpunkt für alle schrägen Gestalten, die es nicht in der Provinz aushalten. In dieser Stadt war ich als junger Student zum ersten Mal in Schwulenkneipen, habe Partys mit Transen gefeiert, jede Menge Drogen ausprobiert und Menschen kennengelernt, die einfach ihr Ding machten – alles, was in meiner Heimatstadt Detmold völlig ausgeschlossen war.

Erst in Köln kam ich auf die Idee, dass ich weit vom Stamm gefallen bin. Wäre ich ein Apfel, läge ich auf der Wiese nebenan.

Hier waren die Leute tätowiert, trugen schrille Klamotten (und wurden noch nicht mal angestarrt), hatten Frisuren, wie wir Detmolder sie nur aus Rockmagazinen oder Fernsehsendungen kannten, knutschten auf offener Straße, tanzten und sangen, als gäbe es kein Morgen.

Mir öffnete Köln eine völlig neue Welt – und bis heute traue ich mich nicht, endlich mal eine Tätowierung stechen zu lassen, Hosen wie Alice Cooper zu tragen oder meine Haare wie Boy George zu toupieren. Vielleicht bin ich jetzt auch zu alt für so'n Quatsch. Aber früher – früher, da hätte ich noch viel mehr ausprobieren sollen. Hemmungslos exzentrisch zu sein, habe ich mich nie getraut. Auch wenn jetzt viele Bekannte sagen werden, dass sie keinen exzentrischeren Menschen persönlich kennen würden als mich – aber das sind dann eben Detmolder oder Menschen mit provinziellem Horizont.

Vor Jahren war ich bei Hochwasser in Köln. Normalerweise beträgt der Wasserstand drei Meter, aber damals Mitte der Neunzigerjahre war er auf über zehn Meter gestiegen. Der Schiffsverkehr war längst eingestellt worden, die Hochwassertüren geschlossen, und trotzdem stand das Wasser bis hoch zu den Briefkästen. Ich werde nie vergessen, wie entsetzt die Menschen damals waren, wie verzweifelt, denn es war bereits das zweite heftige Hochwasser innerhalb weniger Jahre. Damals fuhren Schlauchboote durch die Straßen.

KEIN GEBÄUDE KÖNNTE SCHÖNER SEIN, MEHR DIE STIMMUNG DES RHEINS VERKÖRPERN ALS DER KÖLNER DOM.

Die gewaltige Hohenzollernbrücke: ebenso ein Wahrzeichen Kölns wie der gotische Dom.

NIEDERRHEIN

Vor wenigen Wochen war der Rhein auch wieder bis zur Oberkante gefüllt, lief aber nicht über. Dafür hatte es die Ahr und andere Flüsse erwischt, und die Menschen an den Ufern hatten eine Zerstörung biblischen Ausmaßes erfahren. Aber alles fließt – auch das schlimmste Wasser ist wieder abgeflossen, doch die Wunden, die diese Hochwasserkatastrophe der Region zugefügt hat, werden noch lange zu spüren sein.

Als könnte ihn kein Wässerchen trüben, fließt der Rhein heute ganz unschuldig an Köln vorbei, an den Poller Wiesen, unter gewaltigen Brücken hindurch, und ich lasse mich treiben und bin Teil einer Szenerie, die einmalig und vergänglich und nach irdischen Maßstäben bald verflossen ist.

SEIT ICH PADDLE, NEHME ICH BRÜCKEN ANDERS WAHR.

Als ich unter der Südbrücke durchgleite, bekomme ich einen Kloß im Hals. Sie ist für mich die schönste Brücke am Rhein und erzählt die ganze verrückte Geschichte dieses Flusses und seiner Menschen. Bei ihrem Bau sind mehr als 50 Arbeiter gestorben, als ein Gerüst abgestürzt ist. Im Zweiten Weltkrieg wurde sie von britischen Bomben zerstört, 1950 wieder aufgebaut. Und in den 1990er-Jahren feierte ich hier Silvester, war in die Frau meines Lebens verliebt, küsste sie und wurde in den folgenden Jahren so traurig, wie man es nur am Rhein sein kann.

Seit ich paddle, nehme ich Brücken anders wahr, denn sie sind für mich ein Zeichen der großartigen Errungenschaften unserer Zivilisation. Jahrmillionen waren die großen Flüsse natürliche Grenzen und für die meisten Tiere und später für Menschen schier unüberwindbar. Doch dann schaffte es überragende Ingenieurskunst, diese Grenzen zu überbrücken und unserer Mobilität völlig neue Horizonte zu eröffnen.

Wenn ich eine Brücke am Horizont entdecke, weiß ich mit hoher Wahrscheinlichkeit, dass ich wieder in die Zivilisation zurückkehre. Obwohl es auch Brücken gibt, die im Nirgendwo stehen und lediglich Schnellstraßen und Autobahnen dienen.

Viel zu schnell gleite ich jedes Mal unter diesen Stahl- und Betonwundern nach oben schauend hindurch und möchte so gerne den Moment festhalten.

KÖNIGSWINTER – LEVERKUSEN

Peter und ich halten auf einem kleinen Zeltplatz kurz hinter Leverkusen an. Ich brauche dringend Strom und WLAN, um mein neues Handy zu installieren. Doch hier gibt es weder das eine noch das andere. Dafür gibt es Duschmarken – ein Euro für eine Minute. Natürlich überall Zäune, genaue Absperrungen für jede Parzelle, geregelte Öffnungszeiten, Gartenzwerge, Deutschlandfahnen und – als ob das nicht reichen würde: Besucher müssen eine Besucherpauschale von 1,50 Euro bezahlen. Vielleicht komme ich aus einer Welt, in der 1,50 Euro nicht mehr viel wert sind. Aber mir wäre es eindeutig zu blöd, jemandem diese Summe dafür abzuknöpfen, dass er einen Freund an den Campingplatz bringt.

Ist das deutsch? Sicherlich nicht. Knausrige Menschen gibt es überall. In unserem Land fallen sie nur besonders auf, weil sie diese selbstverständliche Strenge in der Stimme tragen, um bloß keine Diskussionen aufkommen zu lassen. Aber auch das mag es woanders geben. Bei uns im Land fällt es mir nur stärker auf und widert mich schlicht an.

Am Zeltplatz wartet mein ältester Freund aus Detmold – er hat sich irgendwie um die 1,50 Euro gedrückt, was uns beide freut. Den Piefkes eins auszuwischen war schon als Jugendliche unser größter Antrieb. Markus und ich waren früher die perfekte Einheit: er der Bedächtige, ich der Hansdampf. Er der Beschwichtigende, ich der Provozierende. Er der Zaghafte, ich der Haudrauf. Ging einer allein durch Detmold, wurde er gefragt, wo denn der andere sei. Zwanzig Jahre ging das gut, und dann lebten wir uns auseinander. Er wurde mir zu genügsam, ich ihm zu getrieben. Er hatte neue Freunde gefunden, die weniger fordernd waren. Meine Lebensgier war für ihn nicht mehr zu ertragen. Er konnte und wollte nicht mehr mit mir Schritt halten mussen.

Wenn wir uns heute sehen, ist die alte Verbindung immer noch da. Alte Freundschaft ist dicker als Wasser. Aber es schwingt auch immer eine Beklemmung mit, denn wir wissen, dass es nie mehr so sein wird wie früher.

Wir sitzen am Rhein auf meiner Picknickdecke, Markus hat Döner mitgebracht, und wir reden darüber, dass wir jetzt schon über 50 Jahre alt sind und uns überhaupt nicht so fühlen. Ich wahrscheinlich noch weniger als er, denn Markus führt das Leben, das von einem Mann in den mittleren Jahren erwartet wird: mit festem Job und Familienleben.

NIEDERRHEIN

In den vergangenen Jahren sind seine Eltern gestorben, und ich frage ihn, wie es ihm damit ginge. Er meint, es würde ein Teil von einem selbst sterben. Auch wenn er zu seinem Vater kein gutes Verhältnis gehabt hätte und seine Mutter jahrelang dement war, empfindet er eine tiefe Trauer, die weiter geht, als er es je erwartet hätte. »Vielleicht eine Trauer über die eigene Vergänglichkeit?«, frage ich. Da sei mehr, sagt er. Es fehle einfach etwas. Etwas von einem selbst.

Die Nächte werden jetzt bitterkalt. Immer wieder wache ich auf und zittere am ganzen Körper. Dann rolle ich mich wie ein Embryo zusammen, werde langsam warm und schlafe wieder ein. Heute ist Vollmond. Vielleicht ist die Witterung deshalb so hart.

LEVERKUSEN – KREFELD

Mittlerweile geht die Sonne schon um halb acht unter. Ich habe mir einen Platz gegenüber dem Uerdinger Hafen gesucht. Herrliche Industrieromantik, und ein Sonnenuntergang wie in der Karibik. Während ich vor meinem Zelt sitze, fliegen plötzlich Hunderte von Gänsen über mich hinweg, laut schnatternd, als suchten sie vor etwas Schutz oder müssten diskutieren, wo sie heute die Nacht verbringen. Es muss herrlich sein, so an die Natur angepasst zu sein, dass man kein Zelt braucht, keine Isomatte und keinen Schlafsack. Keinen Kocher, keinen Supermarkt. Kein Handy. Mal einen Tag mit einem Vogel tauschen. Das wär's.

Weiterhin gehe ich jeden Morgen im Rhein schwimmen – egal, wie schlimm und kalt die Nächte sind. Heute schmeckt der Rhein zum ersten Mal nach Chemie. Vielleicht auch ein bisschen nach Eisen. Gestern habe ich mehrere gewaltige Unterwasser-Whirlpools gesehen. Gigantische Wassermassen, die aus Kraftwerken und Fabriken in den Rhein gepumpt werden. Vermutlich Kühlwasser oder geklärtes Wasser für industrielle Prozesse – aber wird das vernünftig überprüft? Und können die nicht zwischendurch irgendwelche Chemie ablassen, wenn keine Prüfung ansteht?

In den langen Stunden der Eintönigkeit entdecke ich kleine Nuancen in der Färbung des Flusswassers. Die wenigen Fremdeindrücke schärfen meine Sinne. Ich spüre alles – die Winddreher, das Zunehmen der Strömung, steigende Luftfeuchtigkeit oder Tiefdruck. Ich kann zwar nicht das Wetter voraussagen, spüre aber, dass eine Veränderung ansteht.

> MAL EINEN TAG MIT EINEM VOGEL TAUSCHEN. DAS WÄR WAS.

Für Ende September brennt die Sonne stärker als im Sommer. Kreischen die Vögel deshalb lauter als sonst? Oder kommt es mir nur so vor? Berge und Dörfer liegen hinter Hügeln wie eine Illusion und flimmern in der Hitze. Ein paar Radwege mit winzigen Menschen darauf, so breit ist der Fluss.

Fast kommen mir diese Szenen beim Schreiben wie ein Traum vor, als würde die Zeit wie auf diesen Uhren von Dalí dahinschmelzen. Alles läuft ineinander, und ich kann die Tage nicht mehr auseinanderhalten. Wann war ich in Köln? Was kam nach der Loreley? Was macht dieser Fluss nur mit mir? Aus mir?

Heute habe ich Phasen, in denen ich wie im Halbschlaf paddle. Ich entdecke Gebäude am Uferrand, die dort nicht stehen, sehe Strände mit Menschen, die nicht existieren, Boote, die mir nie entgegenkommen. Wahrscheinlich stehe ich kurz vor einem Hitzschlag. Es herrschen 30 Grad im Schatten – wobei Schatten auf dem Wasser nur unter meiner Basecap liegt. Und darunter bildet sich ein Hitzestau, wenn ich die Mütze nicht regelmäßig ins Wasser halte.

Mit jedem Paddelschlag verlasse ich den romantischen Rhein und begebe mich in bebautes, industrialisiertes Land. Es ist überwuchert von Schornsteinen, gewaltigen Fabriken, Chemiestandorten und Werken. Auch die Schiffe werden größer. Gestern kam mir der erste Autotransporter mit Hunderten von Ford Pickups entgegen. Heute ein Schiff mit mehrstöckig geladenen Traktoren. Auch die Schubverbände werden immer länger. Ich nähere mich der Nordsee und damit dem größten Hafen unseres Kontinents: Rotterdam.

Seit Kilometern paddle ich über flaches Land. Die Horizonte sind so weit, dass ich stundenlang aufs gleiche Ziel zusteuere. Der Rhein durchläuft hier ein Gebiet an Ballungsräumen. Ein Ort reiht sich an den nächsten und unterscheidet sich beim Vorbeipaddeln doch nicht vom vorherigen. Ein Einheitsbrei aus Schornsteinen und grauen Häuserreihen, dann plötzlich wieder Kuhweiden vor Ortsschildern und später einheitliche Straßenzüge direkt am Rhein mit den immer gleichen Laternen.

> **DIE HORIZONTE SIND SO WEIT, DASS ICH STUNDENLANG AUFS GLEICHE ZIEL ZUSTEUERE.**

Doch auf dem Rhein wird es nie langweilig, da dieser Fluss unberechenbar bleibt. Plötzlich erwartet mich wieder kabbeliges Wasser – die Strömung läuft über Unebenheiten am Boden und lässt Wellen entstehen, die bis zu einem Meter hoch sind. Eine Biegung weiter steht auf einmal der Gegenwind wie eine Wand auf dem Wasser und ist ein paar Kilometer später wieder verschwunden. War das schon immer so oder sind auch diese Erscheinungen menschengemacht? Denn Wind kann ja auch nicht mehr so wehen wie früher. Er muss vorbei an künstlich aufgeforsteten Wäldern, riesigen Fabriken mit ihren Schornsteinen und Gebäuden, die wie Wände in der Landschaft stehen und dem Wind zeigen, wo's jetzt langgeht.

Rechts liegt eine Fähre, und ich weiß nie, wann sie wieder ablegt. Ich lasse mich also auf das Schiff zutreiben und warte ab. Als ich den Fährmann in seiner Kabine sehe, hebe ich die Arme und frage, ob ich links oder rechts vorbeipaddeln soll. Er hebt ebenfalls die Arme und äfft mich nach. Dass die Berufsschifffahrt keine Paddler mag, weiß ich mittlerweile. Aber das hier ist mir noch nie passiert. Ich entscheide mich also hinter der Fähre vorbeizufahren, denn vorne liegt sie noch mit ihrem Anleger an Land. Kaum drehe ich nach links, fährt der Mann rückwärts und ruft über seine Lautsprecher: »Du übst wohl noch.« Zum Glück bin ich noch weit genug entfernt, sodass ich zurück nach rechts drehen kann und vor der Fähre durchkomme.

Als ich auf gleicher Höhe bin, erscheint der Kontrolleur an Deck und brüllt mich an: »Wer hat hier wohl Vorfahrt?«, und zeigt mir einen Vogel. »Ihr«, sage ich. »Es ist für mich nur schwer zu erkennen, ob ich rechts oder links vorbei muss.« »Dann musste halt richtig gucken, Idiot.«

Ist das Verhalten des Fährmanns typisch deutsch? Der Mann hat ein winziges Stückchen Macht über mich und nutzt diese aus. Er weiß, dass er der Stärkere ist, und muss dies dem Schwächeren unbedingt zeigen. Man setze einem kleinen Mann eine Dienstmütze auf, und er wird seine minimale Macht maximal ausnutzen. Ich kann mir nicht vorstellen, dass es diese Dienstbeflissenheit in solch ausgeprägter Form in allen Ländern auf unserem Planeten gibt.

So war das vermutlich schon lange in unserem Land, und deshalb haben die beiden Unrechtssysteme des vergangenen Jahrhunderts auch so gut funktioniert.

KREFELD – REES

Vater Rhein ist für alle da: Kernkraftwerke, Kohlekraftwerke, Wasserkraftwerke. Wie viele Millionen Liter Rheinwasser sind zum Kühlen verdampft, wie viele Liter wurden verseucht zurückgeführt? Wie viele Störfälle hat es schon gegeben? Was muss dieser Fluss alles ertragen, was nimmt er alles hin? Er liefert Energie an sämtliche Staaten, die er durchläuft. Wird von allen ausgebeutet. Und fließt doch weiter. *Panta rhei.*

Seit Tagen bin ich keinen anderen Paddlern mehr begegnet. Dieser Teil des Rheins ist vermutlich zu industrialisiert, als dass er Ausflügler anziehen würde. Dabei ist die Kulisse beeindruckend: Überall ragen Fabriken mit ihren Schornsteinen in die Luft, ein Wirrwarr aus Eisenrohren

NIEDERRHEIN

und bizarr verbauten Anlagen machen aus dem Rhein einen Industriefluss. Aus gewaltigen Schloten steigen Wolken auf und vermischen sich mit den natürlichen Wolken am Himmel. Kohlekraftwerke schicken ihre Energie ins Land, und Hochspannungsleitungen knistern bei leichtem Nieselregen über mir, als wollten sie mir etwas mitteilen. Ganze Chemieparks haben sich an den Ufern ausgebreitet, und ich weiß nie, ob die vielen Leitungen dicht sind, ob nicht doch wieder eine Umweltschweinerei geschieht, und niemand merkt's.

Der Rhein ist an dieser Stelle zu einer Schiffsautobahn geworden. Riesige Frachter tuckern vorbei, beladen mit Containern, Gas, Benzin, Kohle, Eisenschrott, Autos und Chemie. In Düsseldorf wollte ich eigentlich am Paradiesstrand halten, denn hier soll es den feinsten Sand des gesamten Flusses geben. Aber Strand und Stadt ziehen so schnell an mir vorbei, dass ich einfach auf meinem Brett stehenbleibe und die längste Theke der Welt hinter mir lasse. Düsseldorf hat mir noch nie etwas gesagt, war mir immer zu geleckt – nur die Musiker der Stadt bestimmten mein

Der Industrie-Rhein: Hier haben Containerschiffe und rauchende Schlote die Natur verdrängt.

Leben: Campino, Kraftwerk, Westernhagen. Vielleicht sind sie die Antwort auf die schnieke Landeshauptstadt.

> **DAS GESELLIGE FEHLT MIR, DIE ABLENKUNG VON MIR SELBST.**

Ich bin zerrissen zwischen Ankommenwollen und ewigem Weiterpaddeln. Das freie Leben wird mir nach der Reise nicht mehr so einfach zur Verfügung stehen. Die Nähe zur Natur, jeden Sonnenauf- und -untergang miterleben, dem Wachsen und Schwinden des Monds folgen, die vielen Vögel um mich herum, das Wasser, die Pflanzen. Das Schlafen im Zelt, das Kochen auf meinem kleinen Gaskocher, Müsli morgens im Freien.

Und gleichzeitig sehne ich mich in ein richtiges Bett, das ich nicht jeden Tag auf- und abbauen muss. Ich freue mich auf eine warme Dusche, saubere Kleidung, einen Kühlschrank, mein Fahrrad, Tennisspielen, Filmegucken, Zeitvertrödeln. Auch aufs Arbeiten freue ich mich. Sogar das ZDF fehlt mir manchmal.

Das Gesellige fehlt mir. Die Ablenkung von mir selbst. Eine Welt jenseits des Reisens. Abwechslung in all ihren Nuancen unserer verrückt gewordenen Gesellschaft. Und gleichzeitig weiß ich, wie schnell mir das alles wieder über sein wird.

Darf ich jetzt, etwa 200 Kilometer vor der Nordsee, schon zurückblicken? Oder bringt das Unglück? Ich tue es trotzdem: Wie schön war es am Bodensee, wie unfassbar beeindruckend zwischen Mainz und Koblenz, wie erhaben in Köln. Wie furchtbar hingegen in den Kanälen und Schleusen zwischen Basel und Iffezheim und wie trostlos jetzt zwischen Düsseldorf und der holländischen Grenze. Ich passiere ein Kraftwerk nach dem nächsten. Kühltürme, Stichflammen, Dieselgestank, Öllachen. Hier wummert der Motor unseres Landes zwischen Stahl, Verladekränen und Kühlwasser.

Spätestens jetzt, wo die Ruhr in den Rhein fließt, erstickt alles Leben in diesem Strom. In Duisburg reiht sich ein Hafenbecken ans nächste, Kräne fahren am Ufer entlang, Lastwagen werden verladen, Tausende Menschen arbeiten hier und beweisen, dass wir das Industriezeitalter noch längst nicht verlassen haben. Es wird nur von der braven neuen digitalen Welt überlagert. *Duisport* nennen sie die Industriebrache hier. Kohle hat längst gegen Atomstrom, Öl und Gas verloren, und doch kämpfen sie hier wie die Irren gegen ihren Untergang. Von Kilometer zu Kilometer wird es schlimmer: Stahlwerke, Braunkohletagebau, Berge an Abfall und Schutt. Landschaften aus Müll und Rohren und Qualm. Der Ruhrpott in all seinen Auswüchsen. Eine riesige Dunstglocke aus Rauch, Schweiß, Arbeit, Lärm und Dreck.

Selbst meine Fantasie erlaubt nicht mehr, mir vorzustellen, dass hier vor 250 Jahren noch Urwälder standen, Lachse den Fluss hochzogen und Menschen in Fellen friedlich am Ufer standen und einen Fisch nach dem anderen aus dem Wasser holten. Hier ist alles kaputt, und ich bin entsetzt über so viel Zerstörung. Es zieht mir den Stecker. Was soll ich noch hier?

PADDLE ICH DIESEN FLUSS ZUM VERGNÜGEN ODER FÜR MEIN EGO, DAS SICH WIEDER MAL ETWAS BEWEISEN MUSS?

Das Beste liegt hinter mir. Warum also weitermachen?

Doch es geht weiter. Irgendwie. Meine Arme haben einen Automatismus angenommen, gegen den ich mich nicht zur Wehr setzen kann. Mittlerweile ist der Rhein einen halben Kilometer breit, und die Landschaft ist wieder natürlich. Allerdings flach, farblos. Hoffentlich kann ich bald das Meer riechen. Es geht immer geradeaus. In der Ferne sehe ich Dörfer und Städte, Wesel, Xanten. Sie reichen aber kaum bis an den Fluss. Vielleicht haben sie Angst vor Hochwasser.

Am Abend sehe ich die deutsche Golden Gate Bridge, die Hängebrücke von Emmerich, sie spannt sich an roten Pfeilern mehr als einen Kilometer quer über den Fluss. Ich gleite darunter hindurch, die letzte Brücke über den Rhein. Ich bilde mir ein, sie wäre die Golden Gate und ich in San Francisco. Die Reise nähert sich jetzt dem Ende. Und das ist gut so. Ich mag nicht mehr. Und vielleicht mag der Rhein auch nicht mehr.

KREFELD – REES

Ruhrpott in all seinen Auswüchsen: Stahlwerke, Braunkohletagebau, Fabrikessen und eine riesige Dunstglocke aus Rauch, Schweiß und Arbeit.

Deltarhein

VON REES BIS HOEK VAN HOLLAND

Der Sonnenuntergang verwandelt die Industrieanlagen in Hoek van Holland in eine rotgoldene Fantasielandschaft.

Deltarhein

»Ich bin ein begeisterter Habenichts.«
Peter Handke

REES – NIJMEGEN

Dass ich in Holland bin, erkenne ich an den gelben Kennzeichen der Autos, die ich aus der Ferne am Ufer sehe. Und auch daran, dass die Kuhweiden direkt ans Wasser führen und die Kühe bis zum Bauch im Rhein stehen. Hier muss ich beim Zelten aufpassen, dass ich am nächsten Morgen nicht von Kühen umzingelt bin. Außerdem weht konstant ein heftiger Westwind über das flache Land – auch das ist typisch für die Niederlande. Hinzu kommt, dass mir die Schiffskapitäne eindeutige Zeichen machen, was bedeuten soll, ich möge mich verpissen.

Ich hätte auf den Nederrijn abbiegen sollen, einen kleineren Seitenarm des Rheins, auf dem es keinen großen Frachtschiffsverkehr gibt. Aber irgendwie habe ich die »Ausfahrt« verpasst.

Das Rheindelta ist vom Wasser aus nicht durchschaubar. Der Fluss verzweigt sich, bildet in Holland Millionen von Grachten, Gräben und

Kanälen, verästelt sich in unendlichen Nebenflüssen und Rinnen. Er teilt sich ein gewaltiges Gebiet mit Maas und Schelde, fließt als Waal ab der holländischen Grenze, um den Nederrijn abzuspalten, der später Lek heißen soll. Dann kommen noch Niewe und Oude Waal hinzu, die sich in Waterweg und Haringvlet ergießen – oder umgekehrt. Alles verwirrend und für mich nicht zu begreifen. Vom Wasser aus sowieso nicht.

Vielleicht hätte ich besser planen sollen, genauer schauen, wo ich abbiegen muss. Aber Planen gehört nicht zu meinen Stärken – eher das Gegenteil ist der Fall. Ich bin jemand, der sich gerne überraschen lässt, um dann auf Unwägbarkeiten zu reagieren. Vielleicht liebe ich auch Unwägbarkeiten, sonst kommt mir mein Leben allzu fade vor.

PLANEN IST DAS ERSETZEN DES ZUFALLS DURCH IRRTUM – ALSO FREUE ICH MICH AUF DEN ZUFALL.

Ich liebe Holland – auch wenn uns die Holländer nicht lieben. Es gibt für Holländer nichts Schlimmeres, als im Ausland für Deutsche gehalten zu werden. Es ist ihnen ein Grundbedürfnis, sofort klarzustellen, dass sie keine Deutschen sind. Sie betonen immer, wie unterschiedlich Deutsche und Holländer sind, während Deutsche stets betonen, wie ähnlich sich beide doch sind. Der einzige Unterschied ist, dass die Holländer sich nicht für ihr Land schämen. Die meisten Holländer, die ich auf Reisen getroffen habe, halten sich für ein Geschenk Gottes. Das bringt auf jeden Fall positive Energie mit sich, kann aber auch echt nerven.

Überall auf der Welt gibt es Ressentiments gegen den Nachbarn: Franzosen gegen Belgier, Schotten gegen Engländer, Portugiesen gegen Spanier und eben Deutsche gegen Holländer. Meist sind es die Kleinen, die den Großen schlechte Eigenschaften unterstellen. Und die Großen wissen nicht, wie sie auf so viel Feindlichkeit reagieren sollen, und machen Witze über die Kleinen, was nicht unbedingt zur Völkerverständigung beiträgt. Es gibt französische *jokes* über Belgier, englische über Schotten ... Und natürlich deutsche Witzeleien über Holländer: *Was macht ein Holländer, wenn er die Fußball-WM gewonnen hat? Er macht die Playstation aus.*

DELTARHEIN

Nach langen, einsamen Stunden, heftigem Gegenwind und zu vielen Wellen erreiche ich endlich Nijmegen – wobei die Menschen hier *Naimächen* sagen und es hassen, wenn wir es wagen, die deutsche Version auszusprechen. Ich bevorzuge allerdings die deutsche Version, um am nächsten Tag keine Halsschmerzen zu haben.

Im Industriehafen von Nijmegen wartet nicht nur ein Freund auf mich, sondern auch die Wasserschutzpolizei. Ein freundlicher Wachmann klärt mich auf, warum die Frachtkapitäne so seltsam auf mich reagiert haben: Hier ist SUP verboten. Auf dem holländischen Rhein, dem Waal, seien in den vergangenen Jahren mehrere Stand-up-Paddler verunglückt, weil sie vor allem bei Hochwasser und den heftigen Winden mit den Frachtern kollidiert seien. Kajakfahren hingegen sei erlaubt – falls ich mein Sportgerät wechseln wollen würde. Was das für einen Unterschied mache, möchte ich wissen. Kajaks hätten Seitenwände, ist die bizarre Antwort. »Gegen die Wellen?«, frage ich, doch der Wasserschützer hat sich schon weggedreht, und ich bin froh, ohne Strafe aus dem Wasser zu steigen.

»Gleich wieder Stress mit der Polizei«, begrüßt mich der Freund lachend. Mit dem Ultraläufer Philipp Jordan habe ich im Mai die Elbe

Es ist eine Freude, unter Nijmegens Brücken durchzupaddeln. Vorne die Eisenbahnbrücke Spoorbrug, dahinter die Stahlbogenbrücke über die Waal.

bezwungen. Er laufend an Land, ich paddelnd auf dem Wasser. Gewonnen hat er, weil ich hinter Hamburg so viel Gegenwind hatte, dass ein Weiterkommen auf dem Wasser ausgeschlossen war. Also musste ich die letzten 25 Kilometer laufen – gegen einen Ultraläufer. Aber wir haben beide Cuxhaven erreicht und in vier Wochen eine wertvolle Freundschaft aufgebaut. Wir haben festgestellt, dass wir uns in vielen Dingen ähnlich sind und in anderen weniger. Da wir beide extreme Typen sind, kann es schon mal scheppern, aber danach haben wir uns umso lieber.

NIJMEGEN – HOEK VAN HOLLAND

Philipp lebt seit 25 Jahren in den Niederlanden und hat einen guten Blick auf die Eigenarten beider Länder. Wir fahren in seine Wahlheimatstadt Utrecht, vorbei an Poldern, Weiden, Wiesen und tatsächlich jeder Menge Windmühlen, um zwei Tage zu entspannen und zu schauen, wie ich diese Reise bis an die Nordsee fortsetzen kann – denn auf dem Waal geht es für mich nicht weiter. Ich muss irgendwie auf den Nederrijn oder den Rheinkanal kommen.

Utrecht gehört zu den schönsten Städten, die ich je besucht habe. Der Autoverkehr ist fast lahmgelegt, gefühlt ist jedes zweite Auto elektrisch, Radfahrer haben überall Vorfahrt, fast alle Straßen sind Fahrradstraßen mit einem engen Streifen aus Kopfsteinpflaster in der Mitte für Pkw – der Rest der Straße gehört den Radfahrern. Hier haben sie das größte Fahrradparkhaus Europas und fast keine Parkplätze für Autos, grüne Welle für Radfahrer, rote Welle für alle anderen. Ein Paradies für Ökos wie mich – und offenbar für die Menschen, die hier leben. Wieso ist so eine Verkehrspolitik hier möglich und bei uns in Deutschland nicht?

Auch gibt es in der Stadt keine Obdachlosen. Die Bürgermeisterin hat gesagt: Wenn wir uns riesige Museen und gewaltige staatliche Komplexe leisten können, muss genügend Geld für die übrig bleiben, die kein Dach über dem Kopf haben. Also hat die Stadt mehrere Heime für Obdachlose gebaut, dazu gibt es jede Menge Entzugskliniken, Unterstützung für Familien, für Überforderte und für Süchtige. »No one is left behind«, lautet das Motto – und es geht auf.

Zumindest in der Innenstadt sind die meisten Häuser wunderschön, überall laufen Kanäle und Flüsse durch die Straßen, an ihren Ufern liegen in doppelter Etage die berühmten Grachten mit ihren kleinen Läden und Restaurants, die von einem Dom mit gewaltigem Turm bewacht werden. Es gibt noch funktionierenden Einzelhandel – Knopfläden, Märklin-Eisenbahn-Händler und Puppengeschäfte. Die Menschen sind ausschließlich mit dem Fahrrad unterwegs, unterhalten sich lautstark und wirken absolut zufrieden und entspannt.

Noch dazu gewinnen die Niederlande jedes Jahr einen Award als kinderfreundlichstes Land der Welt. So viel heile Welt kann man als Deutscher fast nicht ertragen. Seit Jahren debattieren wir über das Klima, die Rente, Steuern, Digitalisierung, die Schere zwischen Arm und Reich, absurd hohe Mietkosten, bedingungsloses Grundeinkommen, Kita-Ausbau – und es tut sich so gut wie nichts!

Hier, in Utrecht, bebt die Innenstadt selbst jetzt an einem kühlen Spätseptemberabend, die 30 000 Studenten feiern sich und das Leben in diesem grandiosen Umfeld und bauen eine Atmosphäre auf, die ich sonst nur aus Mittelmeerstädten kenne.

UTRECHT FÜHLT SICH AN WIE ITALIEN BEI KÄLTE MIT GROSSEN BLONDEN MENSCHEN.

Wieso ist hier so eine Welt möglich? Und bei uns nicht? Gibt es in Holland weniger Bedenkenträger? Weniger Lobby? Weniger Korruption? Oder einfach nur eine Bürgermeisterin, die radikal ihre Öko-Konzepte durchsetzt – und trotzdem wiedergewählt wird?

In Deutschland gibt es nicht eine Stadt, die ähnlich konsequent gegen Autoverkehr und für Fahrradfahrer handelt. In den Niederlanden herrscht

NIJMEGEN – HOEK VAN HOLLAND

Der Industriehafen von Nijmegen am Maas-Waal-Kanal,
einer der größten Binnenhäfen der Niederlande.

Tempo 100 zwischen 6 und 19 Uhr. Und wir schaffen es nicht, auf 130 zu reduzieren? Wenigstens tagsüber? Eine große deutsche Zeitung hat die Niederlande als Öko-Streber verurteilt. Wann begreifen wir in Deutschland, wessen Stunde geschlagen hat?

Philipp und ich wandern stundenlang durch *seine* Stadt. Ich merke, wie stolz er auf Utrecht und seine neue Heimat ist. Er hat hier mehr Zeit als in Deutschland verbracht und spricht natürlich fließend holländisch und ist voll integriert. Nur am Anfang hätten die Holländer ein paar blöde Sprüche gegen ihn als Deutschen gemacht. Mittlerweile ist das vorbei.

Es scheint sich in den vergangenen Jahren vieles verschoben zu haben. Deutsch, holländisch, dänisch – alles egal. Hauptsache, man findet eine Heimat, in der man sich wohlfühlt. Da hat mir Philipp etwas voraus.

Seine drei Kinder sprechen ein lustiges Deutsch mit holländischem Akzent und ein paar grammatikalischen Fehlern. Es herrschen die gleichen Probleme wie bei allen Familien mit Kindern in Europa: Elektrozeit, Zubettgehzeit, Hausaufgabenzeit. Es geht immer um Zeit.

DIE PROBLEME DER MENSCHHEIT HABEN BEGONNEN, ALS WIR DIE ZEIT ERFUNDEN HABEN.

Auf mich warten noch 140 Kilometer – zwei Tage, wenn alles gut läuft. Nach einem Tag und zwei Nächten Pause muss ich dringend zurück auf den Rhein. Philipp bringt mich an den Lek in Arnhem, wo ich wieder aufs Wasser möchte, in der Hoffnung, dass Stand-up-Paddeln hier erlaubt ist. Leider weht ein viel zu starker Westwind, als dass ich Lust verspüren würde, auch nur einen Meter zu paddeln. Wir stehen lange am Fluss, schauen den Schiffen hinterher, sehen die Eintönigkeit, die auf mich wartet, und wissen nicht, wie es weitergehen soll.

Habe ich nicht genug gepaddelt für ein Abenteuer? Muss ich diese letzten Kilometer auch noch hinter mich bringen? Wie wichtig ist es, einen ganzen Fluss zu bezwingen? Reichen nicht 1100 Kilometer? Ein Paddel-Vergnügen ist Holland auf keinen Fall, und ich fühle mich schwach und ausgelaugt.

»Wäre es okay, wenn wir nach Hoek van Holland weiterfahren?«, frage ich Philipp. Er schaut mich an und nickt. Ich bin selbst erstaunt, wie schnell diese Entscheidung gefallen ist. Wie einfach es war, diese Reise hier zu beenden und das Ziel nicht aus eigener Kraft zu erreichen. Aber ich kann nicht anders. Ich kann nicht mehr.

Wir fahren einen wunderschönen Damm entlang, es ist Sonntag, Philipp und ich reden kein Wort. Uns kommen Dutzende von Radfahrern entgegen. Allerdings keine auf Hollandrädern, sondern auf hochgezüchteten Rennmaschinen. Die Niederlande sind ein Rennradland, genau wie

Frankreich. Kurz war ich abgelenkt und bewunderte die Radfahrer, freute mich an diesem hübschen kleinen Land. Immer noch liegt links der Rhein, und nichts zieht mich aufs Wasser.

Wir passieren Rotterdam, folgen stumpf dem Navi über Brücken und Fernstraßen, bis es nur noch zwanzig Kilometer bis zur Nordsee sind.

»Halt mal an, bitte«, sage ich zu Philipp. »Ich muss die letzten Kilometer doch noch aus eigener Kraft paddeln.« Wir finden eine Einstiegsstelle, ich pumpe mein Brett auf, verstaue meine Sachen und umarme Philipp zum Abschied, denn ich möchte den Rest dieser Reise allein zurücklegen. Am Ziel will ich mir Zeit lassen, um wirklich anzukommen. Muss ab jetzt mit mir sein, um alles zu verarbeiten.

Wie immer habe ich ein mulmiges Gefühl im Magen. Jedes Mal, wenn ich mein Brett nach einer Pause aufpumpe und den Rhein besteige, schwingt eine unterbewusste Angst mit, selbst jetzt, wo ich keine drei Stunden mehr vor mir habe. Mittlerweile weiß ich, dass dieses Gefühl zu meinen Reisen dazugehört, und ich sträube mich nicht mehr dagegen. Dennoch ist es auf dieser Reise stärker als sonst. Das Ziel ist jetzt so nah.

Ein paar Radfahrer winken mir zu, einige rufen etwas, das ich allerdings nicht verstehe. Es dauert ein paar Kilometer, bis meine Zuversicht wieder wächst und ich mich wohlfühle auf dem Wasser. Wieso habe ich dieses Land nie auf der Reiseagenda gehabt? Vielleicht schließt sich hier der Kreis: Die Niederländer sind genauso entspannt wie die Schweizer. Noch so ein *nettes Völkchen*, von dem wir so viel lernen können.

Sind wir Deutschen zu groß? Zu reich? Zu profitorientiert? Oder ist es unsere Mentalität? Ist es die Autoindustrie, die keine ökologische Veränderung zulässt?

In irgendeinem dieser hübschen kleinen Orte am Rhein mit Häusern ohne Vorhänge lege ich eine kurze Pause ein und hole mir beim Bäcker ein paar Berliner – die allerdings völlig anders schmecken als bei uns. Immerhin schmeckt der Kaffee. Auf der Bank gegenüber sitzt ein Mann um die Dreißig und trägt Klamotten, wie man sie sonst auf einer Wüsten-Safari tragen würde. Oder im Film.

Da es in Holland weder Maskenpflicht noch irgendwelche Abstandsregeln gibt, setze ich mich zu ihm und sehe erst jetzt das Motorrad. »Eine

Matchless«, sagt er stolz. Die Maschine sei 1941 in Ägypten im Krieg in Afrika gefahren. Ich schaue mir das Ding genauer an und sehe, dass der Einzylinder stark mit Motoröl verschmiert ist. »Gutes Zeichen«, sagt der Mann. »Wenn die kein Öl verliert, hat sie keins mehr.« Dann erzählt er mir alles über seine Matchless G3/L und über sein Outfit – teilweise original aus dem Zweiten Weltkrieg, getragen von englischen Soldaten. »Das Ding hier«, er tippt dabei auf den Lederrucksack, der neben ihm auf der Bank steht, »hat gegen Rommel gekämpft.« Ich ziehe bewundernd die Mundwinkel nach unten. Ich sage ihm, dass es bei uns nur noch wenige Motorräder aus dem Krieg gebe – und Uniformen aus der Zeit würde definitiv niemand tragen. »Klar«, sagt er. »Ihr habt den Krieg ja auch verloren. Ist auch kein so gutes Thema bei euch im Land, oder?« Was soll ich sagen? Kein gutes Thema? Definitiv nicht. Ich frage, ob der Krieg denn ein gutes Thema in Holland sei. Er überlegt kurz. »Ein spannendes Thema auf jeden Fall. Wir haben Anne Frank, ihr habt Hitler. Das ist halt der Unterschied.« Er meint es nicht gehässig, dafür ist der Kerl viel zu sehr Historienfreak und Motorradnarr. Er meint es fast unschuldig aus der Sicht eines kleinen Landes, das einst vom riesigen Nachbarn überrollt wurde. Mit dem Sieg gegen Nazideutschland hatten die Niederländer zwar nichts zu tun, aber es war der wichtigste Sieg, der je einen Krieg entschieden hat. Und die Siegermächte und alles, was zum Sieg geführt hat, dürfen gerne in Ehren gehalten werden.

Er fragt, was ich denn hier eigentlich machen würde, und deutet dabei auf mein Paddel, das ich immer bei mir trage, wenn ich an Land gehe. Ich erzähle ihm von meiner Reise, und er nickt lange. Dabei schaut er mich intensiv an. »Warum machst du solche Reisen? Was ist der wahre Grund dahinter?« Es ist nie einfach, auf solche Fragen zu antworten. Erstens habe ich über diese Themen schon viel zu häufig nachgedacht oder diese Fragen in meinen Büchern beantwortet, und zweitens weiß ich, dass meine Antwort nur für mich Sinn macht. Sie mag für andere einen gewissen Bezug herstellen, bleibt aber meine Wahrheit.

> ICH WEISS, DASS ICH IMMER AUF DEM WEG BIN. IM MOMENT IST ES HALT DER RHEIN.

»Ich weiß, dass ich immer auf dem Weg bin«, sage ich. »Im Moment ist es halt der Rhein. Und bald ist es der Weg des Alltags, dann der Weg der Arbeit und so weiter. Ich habe das Gefühl, immer unterwegs zu sein und doch zu Hause. Das ist vielleicht das Resümee für mich.« Der Mann nickt lange und schaut mich an, als hätte er noch viel mehr Fragen. Doch bevor es dazu kommt, frage ich ihn, was ihn antreibt – mit dieser alten Maschine, den seltsamen Klamotten.

»Ich habe schon als Kind von alten Maschinen geträumt«, sagt er. »Und der Krieg fasziniert mich. Vielleicht leben wir in einer Zeit, in der wir zu wenig echte Aufgaben haben. Also suche ich mir eine.« Er lacht ein wenig verlegen. »Irgendwann kommt der Tag, an dem ich einfach losziehe und vollkommen bin. Mich einfach treiben lassen kann. Das wäre echtes Reisen. Das ist mein Weg. Verstehst du?« Dann schmeißt er seine Matchless an, und der Einzylinder gibt ein überraschend schlappes, scheppperndes Vibrieren von sich. Aber damals gehörten diese Maschinen aus London zum Besten, was auf der Welt gebaut wurde – nach BMW natürlich.

Es fällt mir schwer, über diesen letzten Tag zu schreiben, denn ich will nicht wahrhaben, dass diese Reise jetzt vorbei ist. Fast komme ich mir wie ein Schizophrener vor: Auf der einen Seite wollte ich unbedingt ankommen und dieses Abenteuer beenden. Auf der anderen weiß ich, dass ich mich zu Hause wieder in einem übermäßigen Konsum von Nahrung, Nachrichten oder Filmen verlieren werde, in diese entspiritualisierte Welt aus materiellem Wohlstand und zerstörerischer Leistungsgesellschaft. Ich will nicht, dass mich die Alltagsprobleme überrennen, dass mich die Sorgen der anderen belasten, will nicht das Leben unter freiem Himmel gegen ein Leben in Räumen tauschen.

Nach vier Wochen auf dem Rhein und in der Natur herrscht in mir eine Stille, wie ich sie bisher höchstens aus Meditationsseminaren kannte. Doch diese Stille dort war künstlich herbeigeführt.

> DIE STILLE JETZT IST ECHT UND
> UNVERFÄLSCHT. SIE IST EIN TEIL MEINER
> INNEREN WELT GEWORDEN.

DELTARHEIN

Erst jetzt, beim Schreiben, merke ich, dass ich diese Stille zu Hause vermisse. Wenn Stille spricht, habe ich vor dieser Reise lange nichts von ihr gehört.

Das Ankommen wird wieder zu schnell gehen – so wie das Ablegen. Plötzlich ist man unterwegs, ist mittendrin im Abenteuer. Von null auf 100, obwohl man so lange davon geträumt und alles gut vorbereitet hat. Und umgekehrt ist man plötzlich am Ende der Reise angelangt – von 100 auf null. Das hat sich noch nie gut angefühlt.

Je näher das Ziel rückt, desto mehr Angst bekomme ich davor. Werde ich alle Antworten gefunden haben? Alle Fragen gestellt? Niemals. Aber wird es *mir* reichen? Bei allen Flussreisen habe ich die romantische Hoffnung nie aufgegeben, selbst zum Fluss zu werden – und erst dann ist das Ziel erreicht. Aber das ist natürlich Quatsch. Mehr als Mensch kann ich nicht werden. Höchstens ein Mensch, der sich mit diesem Fluss zutiefst verbunden fühlt. Aber auch das passt nicht. Dafür ist der Rhein zu launisch, zu selbstverliebt.

Angekommen! Der Kai in Hoek van Holland. Auch der Rhein hat hier sein Ziel erreicht und mündet nach 1230 Kilometern in die Nordsee.

NIJMEGEN – HOEK VAN HOLLAND

Mit *Vater Rhein* geht es mir wie im echten Leben: Eine richtige Liebe ist da nie gewachsen; wir gehen einen Teil des Wegs gemeinsam und trennen uns dann wieder. Mit der Donau oder der Elbe ist das etwas ganz anderes: Jedes Mal, wenn ich einen dieser Flüsse mit dem Auto überquere oder an ihren Ufern stehe, bedanke ich mich für die großartigen Tage und Wochen, die ich auf ihnen verbracht habe, und denke heimlich: Das ist *meine* Donau, *meine* Elbe. Ihr gehört mir, und ich gehöre euch. Aber mit dem Rhein ist das Verhältnis längst nicht so innig.

FAST BIN ICH DEM FLUSS BÖSE, WEIL ER MIR SO EINE SCHWERE REISE BESCHERT HAT.

Die letzten Kilometer sind ein unübersichtliches Labyrinth aus Häfen, Wasserwegen und Kanälen. Ich folge stumpf der Strömung, schaue immer wieder auf mein Navi, ob ich noch richtig bin, und lasse die Schiffer an meiner Seite schimpfen. Auch hier scheine ich nicht willkommen zu sein. Aber solange mich die Wasserschutzpolizei nicht herauszieht, ist mir alles egal. Fast kann ich das Ziel schon sehen. Auf jeden Fall spüre ich die Nordsee, denn das Wasser wird immer ruppiger. Bei Gegenwind müsste ich die Nordsee sogar riechen können. Aber die Götter meinen es gut mit mir und treiben mich voran, damit ich das Ziel vor den Westwinden und dem Regen erreiche, der morgen kommen soll.

Will ich überhaupt ankommen? Was mache ich, wenn ich nicht mehr paddle? Wer bin ich noch, wenn das Paddeln endet? Heimlich möchte ich die Reise noch verlängern, will gar nicht ankommen. Möchte dem Paddeltod so lange entfliehen wie möglich. In einer knappen Stunde stirbt etwas, geht für immer verloren, wabert als Erinnerung im Äther und ist doch nicht mehr wahr und später nur noch Geschichte.

In dem Moment, als ich gar nicht damit rechne, sehe ich sie plötzlich – die Nordsee. Sie liegt am Ende eines langen steinernen Deichs zwischen Kränen und Fabrikgebäuden im Dämmerlicht. Das ist es, mein Ziel? Darauf habe ich so viele Stunden hingepaddelt? Das hat diesen unglaublichen Sog ausgelöst?

DELTARHEIN

Eine alte Freundin meinte, über dem Rhein läge ein mystisches Licht. Gerade bei Sonnenauf- und -untergang. Bläulich bis rosafarben; je nachdem. Und dass der Nebel von sich aus leuchten würde. Ich sitze also still am Ufer bei Kilometer 1320 und suche nach diesem besonderen Licht. Der Horizont verschwimmt, die Frachtkähne sind Kohlezeichnungen hinter Milchglas, die Fischerboote am Horizont eine Idee. Dieses mystische Licht aber habe ich auf der langen Wasserreise von den Schweizer Alpen bis zur Nordsee nie gesehen. Vielleicht fehlt mir doch die romantische Ader.

> **WIE OFT HATTE ICH AUF MEINEN REISEN NUR DAS ZIEL VOR AUGEN UND NAHM ZU WENIG VOM WEG WAHR?**

Es ist ein Lernprozess, die Banalität des Ziels anzuerkennen – nach sechs Ländern, vier Wochen, einem Leben in der Natur, mehr Wasserwesen als Landlebewesen; wie ein Reptil schwimme ich in die Nordsee hinaus und bin fast wütend auf das Ziel. Es fühlt sich nicht so gut an, wie es die Strapazen hergeben müssten. Viel zu banal ist der Moment an sich. Ohne Historie, ohne Kitsch. Es ist nicht die Quintessenz einer langen Reise, sondern ein profaner Punkt auf der Landkarte. Ein billiger Moment einer langen Tour. Das Ziel kann nicht die Antworten bereithalten, die mir der Weg an Fragen gestellt hat. Doch immerhin gab es Antworten auf meine Frage: Wer sind wir eigentlich? Wir, die Deutschen.

Vielleicht hätte mir das Salzwasser Freudentränen in die Augen getrieben, wenn ich die gesamte Strecke gepaddelt wäre und nicht 100 Kilometer in Holland ausgelassen hätte. Dann müsste ich jede Welle als Streicheln des Gottes der Abenteurer betrachten. Der Meereshorizont müsste mir zeigen, dass es nichts mehr zu erreichen gibt. Aber ich dümple in der viel zu kalten Nordsee herum, gehe langsam zurück an Land, setze mich auf mein Brett und heule trotzdem. Vielleicht auch deshalb, weil ich das Ziel erreicht habe, ohne es zu erreichen. Weil wieder ein Abenteuer glimpflich ausgegangen ist. Vielleicht auch aus Dankbarkeit und aus Angst vor dem Loch, das hinter Abenteuern auf mich wartet. Vielleicht weine ich aber auch, weil ich den Weg nicht genügend genossen habe.

NIJMEGEN – HOEK VAN HOLLAND

Es ist geschafft. Der Weg ist gemeistert, nur noch das Ziel ist da.

Wie oft habe ich den Spruch schon gehört und mir selbst vorgebetet: Der Weg ist das Ziel. Wie abgedroschen. Und doch: Wie oft hatte ich auf meinen Reisen nur das Ziel vor Augen und nahm zu wenig vom Weg wahr? Jetzt ist der Weg vorbei und nur noch das Ziel da. Kein Meilenstein. Höchstens ein Kiesel auf dem Weg.

Zum Schluss

»Der Mensch bereist die Welt auf der Suche nach dem, was ihm fehlt. Und er kehrt nach Hause zurück, um es zu finden.«
George Moore

Zum Schluss bleibt die Frage: Wie war er denn jetzt, mein erster langer Urlaub in Deutschland? Und wie waren die Deutschen? Insgesamt muss ich sagen, dass wir es gar nicht so schlimm erwischt haben. Auch nach dieser langen Reise bleibe ich unserem Land vor allem kritisch verbunden. Deutschland zu mögen, fällt mir immer noch schwer. Bei unserer Sprache fällt mir das schon leichter – vor allem im Vergleich zu Schwyzerdütsch oder Holländisch.

Und meine Landsleute? Wenn ich sie im Ausland treffe, sind sie mir meist peinlich. Und zu Hause gehören sie nun mal dazu. Wie eine riesige Familie, die man sich nicht ausgesucht hat. 83 Millionen Brüder und Schwestern, die man manchmal liebt und manchmal hasst.

Ich bin vor allem dankbar, Deutscher zu sein und damit Europäer. Ich komme aus einem friedlichen und wunderschönen Land und damit einem grandiosen Kontinent. Der Rhein ist vielleicht die Schlagader, das Symbol unseres Landes. Wahrzeichen – mächtig, mitreißend, lieblich, gezähmt, stetig, still und manchmal laut. Historisch überfrachtet, international, multikulti.

Zum Schluss ist der Rhein wie ein alter Mann in den Tod geschwommen, hat sich in der Nordsee aufgelöst. Er wollte nicht mehr und hatte keine Ahnung, wie er dort hingekommen ist und wie er heißt – Waal, Lek, Nederijn. Egal. Er ist jetzt verschwunden mit all seiner Majestät, seinem Prunk und Pathos. Jahrtausende hat er weggeschwemmt, Kriege, Kaiser, Kirchen. Folter, Majestätisches, Ertrinkende. Bombastische Bauten, hanebüchene Historie, großartige Zeiten und unvorstellbaren Schrecken. Die Nordsee hat alles geschluckt. Und damit auch die Zeit.

Am Ende fließt er doch weiter.

Und das ist gut so.

Timm Kruse
im Herbst 2021

Mein Board, mein Ziehwagen und ich – drei am Ende ihrer Reise, erschöpft, aber glücklich.

Caro, dass du mir die Freiheit für meine Abenteuer lässt.

SPONSOREN:

Kräuterhaus St. Bernhard – ohne eure Powerriegel und Ergänzungsmittel hätte ich es nie geschafft!
www.kraeuterhaus.de

Fanatic – euer Brett und eure Paddel haben den härtesten Bedingungen standgehalten.
www.fanatic.com

REGISTER

A
Aare 73
Alpenrhein & Bodensee 10
Altrhein 87, 89
Arnhem 194

B
Basel 83
Biblis 128
Binger Loch 139, 140, 141
Bodensee 22, 24, 25, 32, 44, 55
Bonn 170
Boppard 156
Brandt, Willy 161
Bregenz 24
Burg Lahneck 154
Burg Pfalzgrafenstein 154
Büsingen 65

C
Chur 12

D
Deltarhein 186
Deutsches Eck, Koblenz 159
Dom zu Speyer 120
Duisburg 183
Düsseldorf 182

E
Emmerich 184

G
Güttingen 32

H
Heine, Heinrich 146, 151
Hochrhein 50
Hoek van Holland 194

I
Iffezheim 94
Isteiner Schwelle 95

K
Kehl 110
Kernkraftwerk Beznau 76
Koblenz 159
Köln 174
Königswinter 162, 163, 170
Konstanz 46
Kreuzlingen 32
Kuhhorn 48, 49

L
Lampertheimer Altrhein 127
Landquart 18, 19
Lek 194
Loreley 146
Ludwigshafen 126

M
Mainz 131, 132, 133, 134
Mannheim 126
Mittelrhein 144
Münsterlingen 32

N
Niederrhein 166
Niederrijn 188
Nierstein 130
Nijmegen 190
Nordsee 199

O
Oberrhein 92

P
Pfalzburg im Rhein 155

R
Remagen 160
Rheinburgen 149
Rheinfall Schaffhausen 65, 68
Rheinfelden 78, 80
Rheinsfelden 61
Romanshorn 40
Rotterdam 195
Rüdesheim 138
Ruhr 183

S
Sargans 20
Schloss Stolzenfels 154
Spay 146, 158
Speyer 118, 119
Stein am Rhein 56
Stromschnellen 13, 15, 16, 18, 47, 73, 87, 89

T
Trimmis 17, 18

U
Uerdinger Hafen 178
Untersee 47
Utrecht 191, 192, 193

W
Wesel 184
Wesseling 172
Wilhelm I., Kaiser 159

X
Xanten 184

Bildnachweis
Cover: Timm Kruse; **Innenteil:** alle Bilder von Timm Kruse außer: HUBER IMAGES 50–51, 92–93; lookphotos 10–11, 53; mauritius images 182, 185; picture alliance 97; seasons.agency 207; Shutterstock 14, 74, 144–145, 153, 159, 175; stock.adobe.com 3, 30, 119, 125, 130, 139, 148, 166–167; Unsplash 91

Im Hafen von Konstanz empfängt die Statue der Kurtisane »Imperia« Bootsfahrer und Schiffsreisende.

IMPRESSUM

© 2022 GRÄFE UND UNZER
VERLAG GmbH, Postfach 860366,
81630 München

POLYGLOTT

POLYGLOTT ist eine eingetragene
Marke der GRÄFE UND UNZER
VERLAG GmbH

ISBN 978-3-8464-0896-4

1. Auflage 2022

Alle Rechte vorbehalten. Nachdruck, auch auszugsweise, sowie Verbreitung durch Film, Funk, Fernsehen und Internet, durch fotomechanische Wiedergabe, Tonträger und Datenverarbeitungssysteme jeglicher Art nur mit schriftlicher Genehmigung des Verlags.

Autor: Timm Kruse
Redaktion und Projektmanagement: Wilhelm Klemm
Lektorat: Rosemarie Elsner
Satz: Nadine Thiel, kreativsatz
Bildredaktion: Dr. Nafsika Mylona
Kartographie: Huber Kartografie
Schlusskorrektur: Ulla Thomsen
Umschlaggestaltung und Layout: Bettina Arlt, favoritbüro, Gbr
Herstellung: Gloria Schlayer
Repro: Medienprinzen, München
Druck und Bindung: Livonia Print, Lettland

Wichtiger Hinweis
Die Daten und Fakten für dieses Werk wurden mit äußerster Sorgfalt recherchiert und geprüft. Wir weisen jedoch darauf hin, dass diese Angaben häufig Veränderungen unterworfen sind und inhaltliche Fehler oder Auslassungen nicht völlig auszuschließen sind, zumal zum Zeitpunkt der Drucklegung die Auswirkungen von Covid-19 auf das Hotel- und Gastgewerbe vor Ort noch nicht vollständig abzusehen waren. Für eventuelle Fehler oder Auslassungen können Gräfe und Unzer und die Autoren keinerlei Verpflichtung und Haftung übernehmen.

Aus Gründen der besseren Lesbarkeit wird in diesem Buch bei Personenbezeichnungen das generische Maskulinum verwendet. Es gilt gleichermaßen für alle Geschlechter.

Ansprechpartner für den Anzeigenverkauf:
KV Kommunalverlag GmbH & Co. KG,
MediaCenter München,
Tel. 089/928 09 60

Bei Interesse an maßgeschneiderten B2B-Produkten:
roswitha.riedel@graefe-und-unzer.de

Leserservice
GRÄFE UND UNZER Verlag
Grillparzerstraße 12
81675 München
www.graefe-und-unzer.de

Umwelthinweis
Nachhaltigkeit ist uns sehr wichtig. Der Rohstoff Papier ist in der Buchproduktion hierfür von entscheidender Bedeutung. Daher ist dieses Buch auf PEFC-zertifiziertem Papier gedruckt. PEFC garantiert, dass ökologische, soziale und ökonomische Aspekte in der Verarbeitungskette unabhängig überwacht werden und lückenlos nachvollziehbar sind.

Ein Unternehmen der
GANSKE VERLAGSGRUPPE